LIEDERSPATZ

Ein Lieder-Lese-Bilderbuch

mit Spielanleitungen, Erläuterungen, Melodien
und Texten der Lieder, sofern im Quellenverzeichnis
nicht anders angegeben von Fredrik Vahle,
mit einer kleinen Gitarrenschule von Wolfgang Hering
und Illustrationen von Arend Aghte.
Gestaltung: Ulrike Schaz

pläne

Verlag „pläne“ GmbH
Braunschweiger Straße 20
4600 Dortmund 1
Telefon (02 31) 81 89 25

Auflage: 4/5/
1985

Umschlag: Arend Aghte und Ulrike Schaz
Grafik: Arend Aghte
Layout und Typographie: Ulrike Schaz
Notenmanuskript: Susanne Brock
Druck: Plambeck & Co Druck und Verlag GmbH
Xantener Straße 7, 4040 Neuss
Printed in Germany
Bestell-Nr. 99744
ISBN 3-88569-004-7

Seht mal wer da rennt!

Einfache Lieder zum Mitmachen und Mitsingen

Tierverse

2. Die Grille, die Grille,
   die baut sich eine Zwille.
   Refrain
3. Der Engerling, der Engerling,
   trägt einen grünen Fingerring.
   Refrain
4. Die Schlange, die Schlange,
   verschluckte eine Zange.
   Refrain
5. Das Borstenschwein, das Borstenschwein,
   das stand ganz still auf einem Bein.
   Refrain
6. Dem 'Aua'hahn, dem 'Aua'hahn,
   dem tut ganz mächtig weh der Zahn.
   Refrain
7. Die Katze, die Katze,
   die machte eine Fratze.
   Refrain
8. Die Eule, die Eule,
   kriegt auf dem Kopf ne Beule.
   Refrain

Känguruhverse

Das Känguruh, oh je, oh je,
sprang in den Titicacasee.
Man sah nur noch die Ohren.
Dann sprang es raus und schüttelt sich
und war wie neu geboren.

Heuschreck, Känguruh und Floh,
die konnten nichts zusammen.
Das ist halt so, sprach da der Floh.
Dann hüpften sie von dannen.

Im Beutel von dem Känguruh,
da saß der Riese Timpetu
und weinte wirklich fürchterlich.
Vielleicht war's Timpetu auch nicht.

Das Känguruh war ziemlich scheu,
verkroch sich deshalb schnell ins Heu.
Da piekten es die Flöhe.
Was saust es in die Höhe!
Der Elefant, der ahnungslos
vor seinem Mittagessen stand,
der ist vor Schreck schnell weggerannt.

Der Elefant, der Elefant,
vergrub sich tief im Wüstensand.
Und staunend sah der Marabu
dem Känguruh beim Duschen zu.

Ein Känguruh, das hüpfte froh
von einem Ort zum andern.
In seinem Fell, da saß ein Floh
und sang: Hurra, wir wandern.

Das Känguruh, das klingelte
bei Schornsteinfeger Lampe.
Der lud es ein auf ein Glas Wein,
weil er es noch nicht kannte.

Kitzelsteinlied

2. Da fließt der kalte Flüsterbach,
der fließt und flüstert Tag und Nacht,
der fließt und flüstert immerzu
und findet keine Ruh.

3. Dann kraxeln wir zum Kitzelstein,
zum Kille, Kille, Kitzelstein.
Dann kraxeln wir zum Kitzelstein,
zum Kille, Kitzelstein.

4. Jetzt zwickt mich was und zwackt mich was,
verflixt nochmal, was ist denn das?
Das zwickt und zwackt mich immerzu,
ich glaube, das bist du!

5. Doch da fängt wer zu weinen an.
Auwei, jetzt weinen alle Mann.
Sogar ein Maulwurf weint gleich mit
als er uns weinen sieht.

6. Dann laufen wir den Streichelpfad,
den lieben langen Streichelpfad.
Ich streichel dich, du streichelst mich,
ach, ist das wonniglich.

7. Dann schlendern wir nach Schunkelheim,
da schunkeln alle, groß und klein
und auf dem Kopf vom Doktor Schmidt
da schunkeln froh zwei Flöhe mit.

8. Dann fangen wir zu pfeifen an,
dann fangen wir zu pfeifen an.
Erst laut und dann ganz leis und sacht
ein Lied zur guten Nacht.

Pfeifstrophe:
Wir legen uns ins weiche Gras,
wir legen uns ins weiche Gras
und schnarchen alle Mann laut mit
am Schluß von unserm Lied.

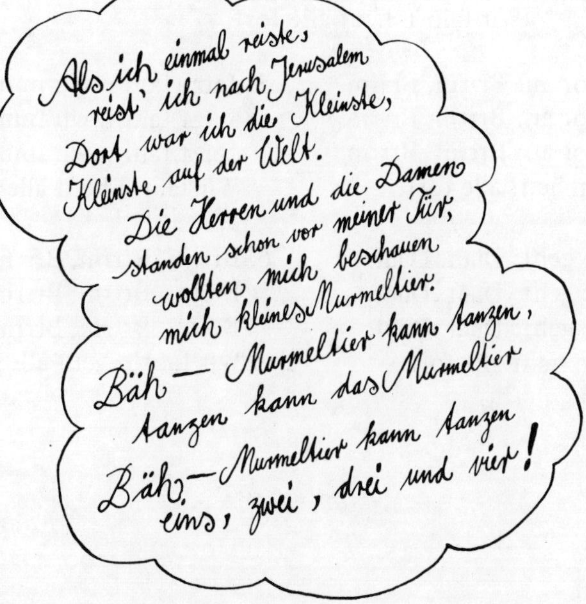

Dieses Lied ist wie die folgenden Lieder ein Mitmachlied. Ihr könnt das, was in den Strophen vorkommt, durch Geräusche und Bewegungen darstellen: Bei Klatschenbach in die Hände klatschen, beim Flüsterbach euch etwas ins Ohr flüstern und bei Kitzelstein . . . Na bitte, ihr wißt ja schon, wo's langgeht. – Noch'n Tip: Am besten kann man das Lied spielen, wenn ihr dazu einen Kreis bildet und dabei möglichst auf Tuchfühlung bleibt. Damit es auch wirklich ein richtiges Zwicken, Schunkeln und Flüstern wird.

Omnibuslied

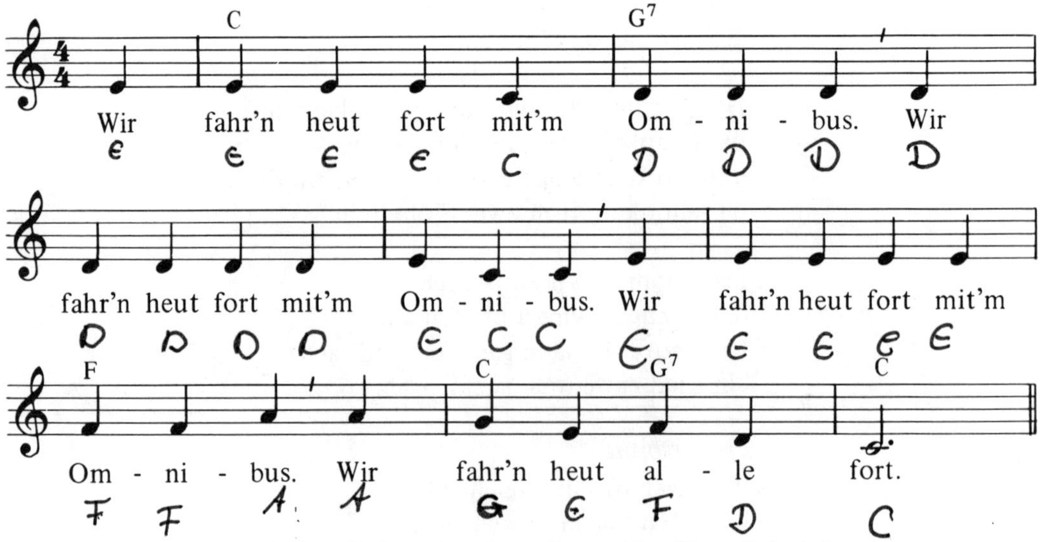

2. Der Fahrer kommt: Guten Tag Herr Schulz!
Der Fahrer kommt: Grüß Gott, Herr Schulz!
Der Fahrer kommt: Wie geht's, Herr Schulz!
Wir fahr'n heut alle fort.

3. Den Motor an: Brrrm, Brrrm.
Den Motor an: Brrrm, Brrrm.
Den Motor an: Brrrm, Brrrm.
Wir fahr'n heut alle fort.

4. Die Hupe geht: Düüt, Düüt.
Die Hupe geht: Düüt, Düüt.
Die Hupe geht: Düüt, Düüt.
Wir fahr'n heut alle fort.

5. Jetzt fahr'n wir immer schneller.
Jetzt fahr'n wir immer schneller.
Jetzt fahr'n wir immer schneller.
Wir fahr'n heut alle fort.

6. Brrrm, Brrrm, Brrrm, Brrrm,
Brrrm, Brrrm, Brrrm, Brrrm.
Brrrm, Brrrm, Brrrm, Brrrm.
Wir fahr'n heut alle fort.

7. Der Fahrer ruft: „Der Kühler kocht!"
Der Fahrer ruft: „Der Kühler kocht!"
Der Fahrer ruft: „Der Kühler kocht!"
Wir fahren viel zu schnell.

Aus dem schnellen Tempo allmählich in ein langsames übergehen:

Dann fahr'n wir eben langsamer.
Dann fahr'n wir eben langsamer.
Dann fahr'n wir eben langsamer.
Und halten endlich an.

Der Heini ruft: Pinkelpause!
Der Heini ruft: Pinkelpause!
Der Heini ruft: Pinkelpause!
Wir steigen aus dem Bus.

Eine einfache Art, wie die Melodie des Omnibusliedes zu lernen ist, sie einfach zu brummen wie ein Motorengeräusch: Brrrm Brrrm usw. Bei diesem Lied lassen sich noch eine Menge neuer Strophen ausdenken. Überlegt mal, wie viele verschiedene Teile an einem Auto dran sind, die alle Krach machen: Die Stoßstange klappert! – Der Reifen hat ein Loch! – Eine Schraube fällt ab! usw.

Das Reisespiel

Eine Fahrt von Hüpfenstein nach Kuckuckshausen

Wenn ihr mehrere seid, könnt ihr mit dem Omnibuslied richtig auf „Reisen gehn": Ihr, die Reisegesellschaft, setzt euch hintereinander auf eine lange Bank oder, wenn gerade keine da ist, in Zweierreihen auf den Fußboden. Dann überlegt ihr euch, wohin der Omnibus fahren soll, z. B. nach:

BUXTEHUDE

HONULULU

KLEINKLECKERSDORF

POSEMUCKEL

Ganz vorne sitzt einer, der ist der Fahrer. Sucht für ihn einen neuen Namen und Tüt! Tüt! ... ab geht der Bus.

Heut fahren wir nach Hüpfenstein.
Heut fahren wir nach Hüpfenstein.
Heut fahren wir nach Hüpfenstein.
Nach Hü - Ha Hüpfenstein.

Auf der Fahrt nach Hüpfenstein wird natürlich kräftig gehüpft, so als ob der Bus über Hoppelpflaster und durch Schlaglöcher fahren würde, aber nicht lange, denn dann heißt es:

Dann fahr'n wir weiter zum Schreiberg.
Dann fahr'n wir weiter zum Schreiberg.
Dann fahr'n wir weiter zum Schreiberg.
Da wird es furchtbar laut.

Beim Schreien solltet ihr noch eure Kräfte schonen, schließlich geht die Reise noch nach Hustingen, Schwitzstadt, Knuffingen, Boxheim, Bad Küssingen, Wackelhofen und noch durch eine Reihe anderer Ortschaften, die ihr euch hoffentlich selber ausdenken werdet.

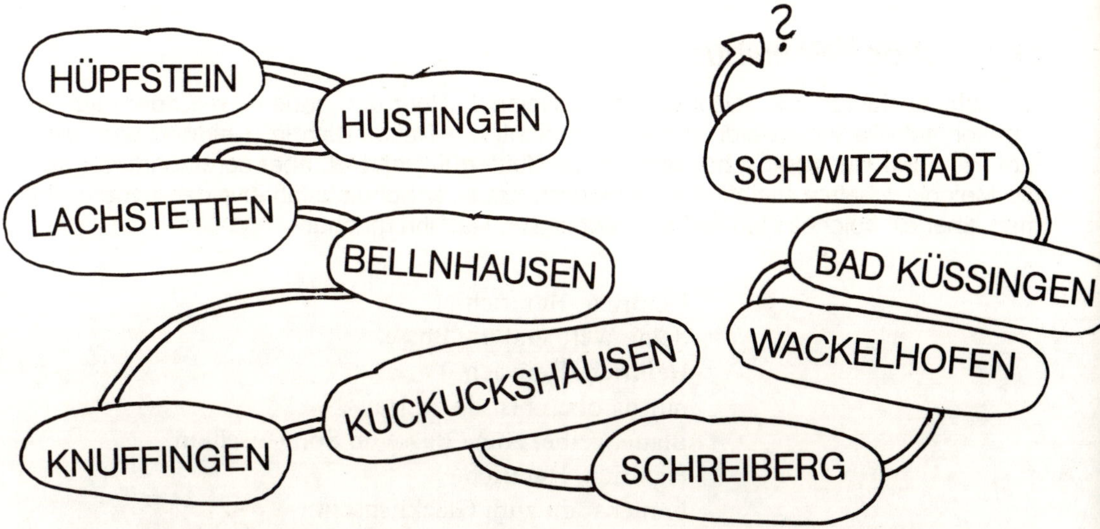

Man kann auch Namen in einer ganz bestimmten Reihenfolge nehmen, z. B.:

Kitzelstadt Kneifingen Boxheim Heulingen Streichelstadt

Und am Schluß fallen euch sicher auch noch andere Worte ein, die man nach einer solchen Omnibusfahrt rufen kann ...

Lied auf den Schulbusfahrer

Ein Schulbusfahrer aus Salzböden heißt Heinrich. Über den haben die Kinder nach der Fernsehmelodie von „Heidi“ ein Lied gedichtet. – Das Jodeln im Heidilied wird durch Motoren- und Hupgeräusche (brrm, brrm, düüt, düüt) ersetzt, aber so, daß immer noch die Melodie erhalten bleibt. Wahrscheinlich hat euer Schulbusfahrer einen anderen Namen, aber ein solches Lied läßt sich sicher auch auf ihn machen.

Heinrich, Heinrich,
deine Welt sind die Busse.
Heinrich, Heinrich
nur da oben bist du zu Haus.
Blaue, gelbe, grüne Busse im Sonnenschein.
Heinrich, Heinrich,
brauchst du zum Glücklichsein.

Hier sitz ich in meinem Haus

2. Doch da seh ich drüben den
Paule und die Paula stehn
und schon fang ich an zu schrei'n:
Kommt doch alle rein.
Kommt doch rein, rein, rein,
kommt doch rein, rein, rein.

3. Und da kommen sie zu mir,
klopfen an die Zimmertür,
weil ich nicht allein sein mag.
Schönen guten Tag.
Guten Tag, Tag, Tag,
guten Tag, Tag, Tag.

4. Paula sagt: Jetzt essen wir,
denn dein Onkel ist doch hier.
Ja, der gute Onkel Fritz
hat bestimmt ein Stück Lakritz.
Stück Lakritz, kritz, kritz,
Stück Lakritz, kritz, kritz.

5. Paul der sagt: Jetzt trinken wir.
Pitzelwasser ist doch hier.
Und das läuft uns Schluck für Schluck
durch die Kehle gluck, gluck, gluck.
Gluck, gluck, gluck, gluck,
gluck, gluck, gluck, gluck.

6. Und wir sitzen rund im Kreis,
singen wir ein Lied ganz leis,
wie die Katze in der Nacht
schleicht ganz leis und sacht.
Leis und sacht, sacht, sacht,
leis und sacht, sacht, sacht.

7. Und jetzt halten ich und du,
jeder seine Ohren zu.
Ach, wie komisch das doch klingt,
wenn man so von innen singt.
Innen singt, singt, singt,
innen singt, singt, singt.

8. Sind die Ohren wieder auf,
singen wir das Lied ganz laut.
Da erwacht sogar das Schaf
aus dem tiefsten Schlaf.
Tiefsten Schlaf, Schlaf, Schlaf,
tiefsten Schlaf, Schlaf, Schlaf.

Das Hier-sitz-ich-in-meinem-Haus-Spiel

Ihr bildet einen Kreis. Einer von euch setzt sich in die Mitte und spielt das nach, was ihr singt. Dabei kann er seine Hände zu Hilfe nehmen. Wenn es z. B. heißt: „Schaue ich zum Fenster 'raus“, hält er die Hand über die Augenbrauen, oder er winkt bei der Zeile: „Kommt doch alle 'rein.“ Paule und Paula stehen, bevor sie hineingewunken werden, außerhalb des Kreises. Auch sie singen nicht mit, sondern spielen das nach, was alle singen. – In der dritten Strophe fassen sich alle Kinder, die den Kreis bilden, an, so daß für das Blindekuhspiel ein geschlossener Innenraum entsteht. Die beiden letzten Strophen werden von allen Kindern gesungen und gespielt.

Papa Schlapp

2. Und ein Sonnenstrahl,
und ein Sonnenstrahl
kitzelt seine Nase.
Papa Schlapp, den stört das nicht,
weil er warm im Bettchen liegt.
Uijuijui aumannomann,
was der laut schnarchen kann.

3. Da schleicht Mama Schlapp,
da schleicht Mama Schlapp
schon zur Tür herein,
streichelt ihn und stumpt ihn sacht,
das hat Schlapp nicht wach gemacht.
Uijuijui aumannomann,
was der laut schnarchen kann.

4. Und der Wecker schrillt,
und der Wecker schrillt
Schlapp ins rechte Ohr.
Schlapp denkt, ist der Wecker blöd,
als er sich zur Seite dreht.
Uijuijui aumannomann,
was der laut schnarchen kann.

5. Doch die Kinder sind,
doch die Kinder sind
längst schon aus dem Bett.
Kitzeln ihm Gesicht und Bauch
und die beiden Füße auch.
Uijuijui aumannomann,
was der schnell aufsteh'n kann.

6. Und die Kinder schrei'n,
und die Kinder schrei'n:
Jetzt ham wir's geschafft.
Papa Schlapp ist aufgewacht,
hat mit Schnarchen Schluß gemacht.
Uijuijui aumannomann,
was unsereins so kann!

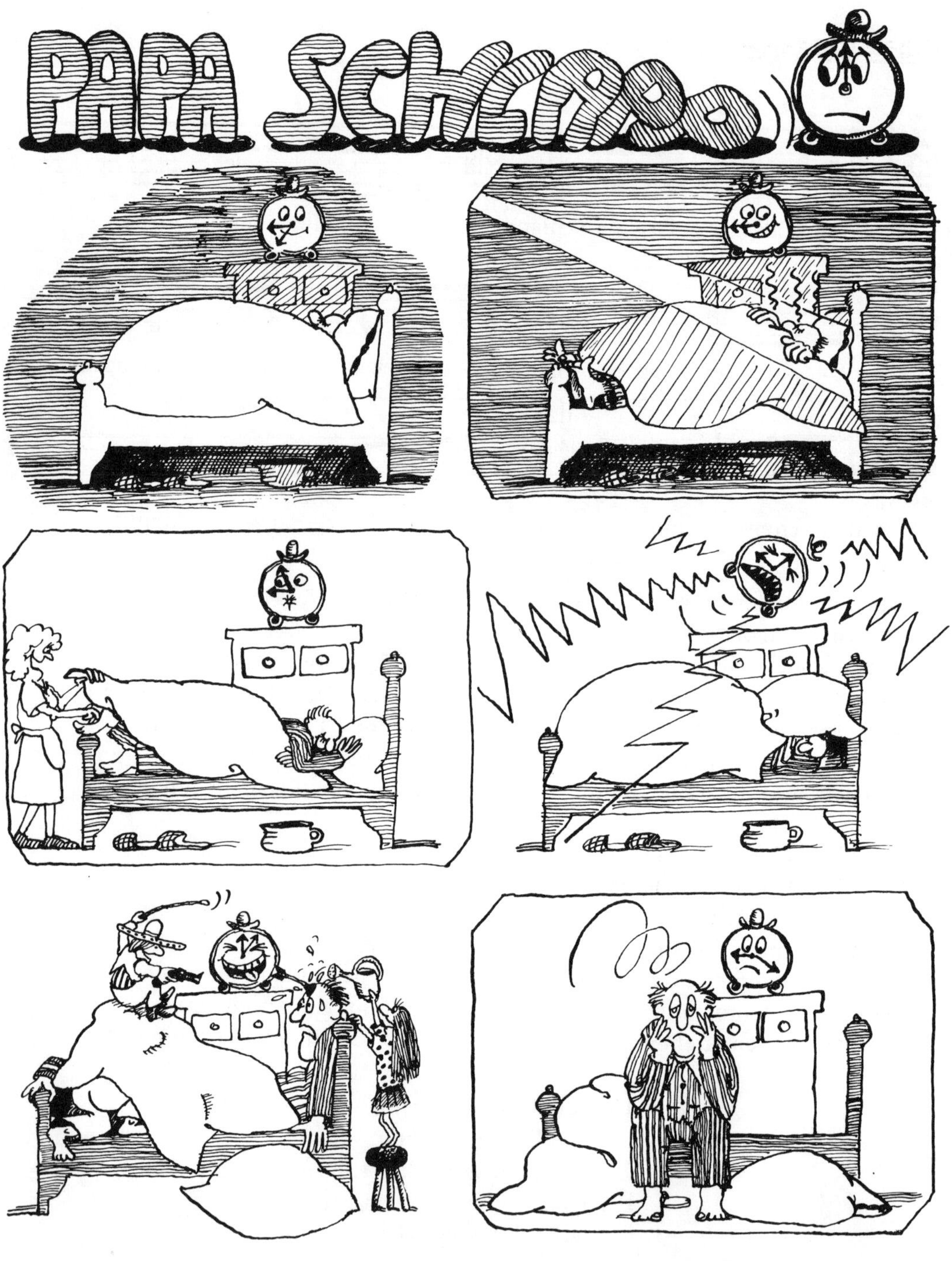

Ein Tip zum Nachspielen von „Papa Schlapp“:
Den Sonnenstrahl könnt ihr gut mit einer Taschenlampe erzeugen, wenn ihr das Zimmer ein wenig abdunkelt. Wenn die Sonne günstig steht, könnt ihr den Sonnenstrahl auch mit Hilfe eines kleinen Taschenspiegels umlenken. Das Geräusch des Weckers läßt sich auch gut mit dem Mund machen.

Schweinelied

2. Und eins war dabei, dem gefiel das nicht,
den ganzen Tag nur Gequiek.
Wann machen wir endlich mal: Chrrum, Chrrum, Chrrum
nicht immer nur: Wiewiewie.

3. Da übten sie alle das Chrrum, Chrrum, Chrrum
und was war nach einem viertel Jahr?
Da konnten sie alle das Chrrum, Chrrum, Chrrum
ganz wunderwunderbar.

4. Der Bauer kratzte sich am Kopp,
verflixtes Borstenvieh.
Jetzt machen die Ferkel schon Chrrum, Chrrum, Chrrum,
wo bleibt nur das Wiewiewie?

5. Doch als der Metzger Meier kam,
da riefen die Schweine: Oh weh,
was nützt uns jetzt dieses Chrrum, Chrrum, Chrrum?
Wie schön war das Wiewiewie!

Dieses Lied wurde nach einer englischen Vorlage geschrieben, und hier werden die Schweine am Schluß getötet. Ihre Sache geht schlecht aus, obwohl sie doch etwas Neues gelernt haben. Deshalb fragte ich viele Kinder, ob der Metzger Meier denn im Lied drinbleiben solle. Die meisten Kinder dachten da etwas realistischer als ich. Wo die Schweine sind, ist auch der Metzger nicht weit. Und so ist der Metzger Meier dringeblieben.

Der Hühnerhof

Tierstimmen und
𝄆 Wiederholungen ab 2. Strophe 𝄇

2. Das Huhn scharrt herum auf dem Hühnerhof
und denkt sich, der Hahn ist schön bunt, doch doof.
Und das Huhn hör ich kakeln: . . . .
und der Hahn auf dem Mist, der macht:
Kokidudeldu . . . .

3. Die Ente, die watschelt am Mist vorbei
und sagt sich: Der Kerl legt nicht mal ein Ei.
Und die Ente die hör ich: . . . .
und das Huhn hör ich kakeln.: . . . .
und der Hahn auf dem Mist, der macht:
Kokidudeldu . . . .

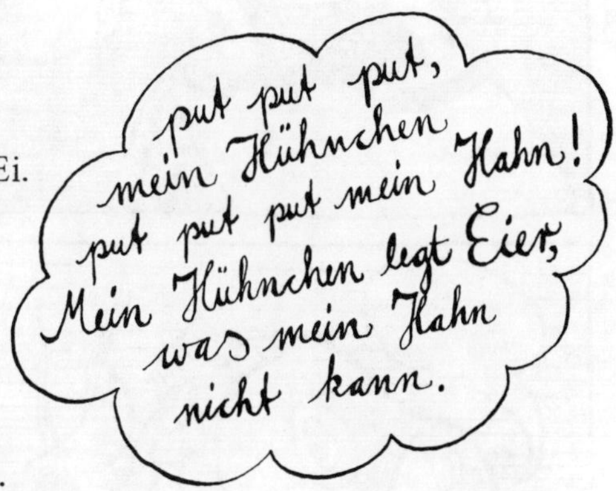

4. Die Katze, die guckt aus dem Kellerloch
und ruft: Ihr vertreibt mir die Mäuse noch.
Und die Katze die hör ich: . . . . . .
und die Ente, die hör ich: . . . .
und das Huhn hör ich kakeln: . . . . .
und der Hahn auf dem Mist der macht:
Kokidudeldu . . . .

GERD

5. Der Hund, der nagt grad einen Knochen ab,
den hat er der Bauersfrau weggeschnappt,
Und den Hund hör ich bellen: . . . . . .
und die Katze, die hör ich: . . . . . .
und die Ente, die hör ich: . . . . . .
und das Huhn hör ich kakeln: . . . . .
und der Hahn auf dem Mist, der macht:
Kokidudeldu . . . .

6. Herrje, wie das Schwein wieder grunzt und quiekt,
als hätte ihm wer in den Po gepiekt.
Und das Schwein hör ich grunzen: . . . . .
und den Hund hör ich bellen: . . . . .
und die Katze, die hör ich: . . . . .
und die Ente, die hör ich: . . . . .
und das Huhn hör ich kakeln: . . . . .
und der Hahn auf dem Mist, der macht:
Kokidudeldu . . . .

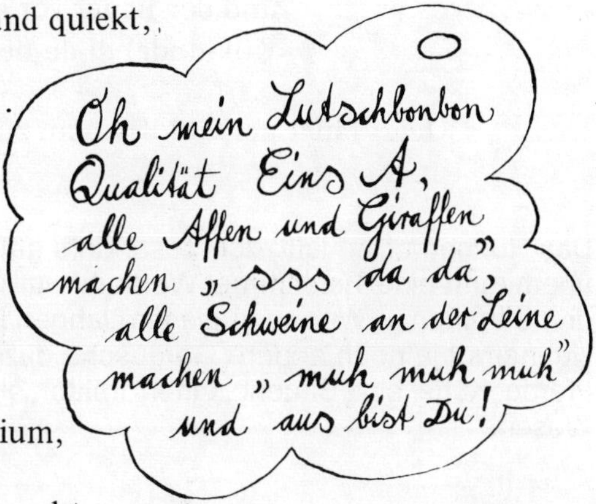

7. Der Goldfisch, der schwimmt im Aquarium,
den ganzen Tag nur im Kreis herum.
Und der Goldfisch, der schwimmt und macht: . . . . .
und das Schwein hör ich grunzen: . . . . .
und den Hund hör ich bellen: . . . . .
und die Katze, die hör ich: . . . . .
und die Ente, die hör ich: . . . . .
und das Huhn hör ich kakeln: . . . . .
und der Hahn auf dem Mist, der macht: . . . . .
Kokidudeldu . . . .

8. Der Bauer, der ruht sich vor'm Fernseh'n aus,
er hat soviel Arbeit tagein, tagaus
und schon schläft er ein und macht: . . . . .
Und im Traum hört er die Tiere alle ganz, ganz leise:
Und den Goldfisch, den hört er: . . . . .
und das Schwein hört er grunzen: . . . . .
und den Hund hört er bellen: . . . . .
und die Katze, die hört er: . . . . .
und die Ente, die hört er: . . . . .
und das Huhn hört er kakeln: . . . . .
und der Hahn auf dem Mist, der macht:
Kokidudeldu . . . .

gesprochen:

9. Und eines Nachts, da kam ein schlauer Igel.
Der hat jedem Tier eine Fremdsprache beigebracht.
Und dann klang das Lied so: *)

Und den Goldfisch den hör ich: . . . . .
und das Schwein hör ich grunzen: . . . . .
und den Hund hör ich bellen: . . . . .
und die Katze, die hör ich: . . . . .
und die Ente, die hör ich: . . . . .
und das Huhn hör ich kakeln: . . . . .
und den Hahn hör ich singen: . . . . .
und der Bauer vor'm Fernseh'n macht:
Kokidudel di du-del-di-du-del-di-du-del-di-du.

*) Jetzt fängt der Goldfisch an zu bellen, das Schwein fängt an zu kakeln usw.

Das Hühnerhoflied läßt sich besonders gut mit verteilten Rollen singen. Jeder von euch übernimmt eine Tierstimme. Wenn ihr nur wenige seid, dann übernimmt einer zwei oder drei Stimmen. – Wer nach diesem langen Lied noch weitersingen möchte, kann für den Hühnerhof ja noch andere Geräusche dazuerfinden. Schließlich gibt es ja noch Schafe, Pferde, Kühe, eine Bäuerin, einen Traktor, eine Stubenfliege und noch 'ne Menge anderer Wesen.

Kakadukanon

2. Auf dem Gummibaum
sitzt der Kakadu,
und frißt Gummibärchen
immerzu.
Laß, Kakadu, ach laß.
Kakadu, ach laß mir auch noch was!

Die einzelnen Strophen dieses Liedes könnt ihr als Kanon singen. Es wurde nach der Vorlage von „Kookaburra sits on an old gum tree", einem Lied aus Australien, gemacht. Für „Kakadu" kann man auch andere Wörter einsetzen, z. B. „Gummischuh", „alter Uhu", „kleines Gnu" usw.

Das Rätseltier

2. Als ob's gar nichts wär',
   trinkt's Eimer ganz leer.
   Schiebt Heu in sein Maul.
   Frißt mehr wie ein Gaul.

3. Kann Baumstämme knacken,
   trägt Männer im Nacken.
   Zwei Zähne so lang.
   Davor wird mir's bang.

4. Ist grau wie die Maus.
   Der Urwald sein Haus.
   Noch klein und schon groß,
   wenn's läuft, trampelts los.

5. Trompetet famos.
   Seine Nase ist groß.
   Hat kein Instrument.
   Wer's jetzt noch nicht kennt . . .

Der Hase Augustin

2. Augustin, der flitzte,
sprang über manche Pfütze
und aß gern Rosenkohl.
Doch kam der Gärtner angerannt,
schon war der schnelle Hase weg.
Der Gärtner stand im Rosenkohl
und staunte gar nicht schlecht:
Dreimal Sapperment,
dreimal Sapperment!
Das ist wohl der Augustin,
das Naturtalent.

3. Einmal kam ein Jäger,
ein dicker, fetter Jäger,
Herr Schlamm aus Düsseldorf.
Der hatte sich 'ne Jagd gekauft
und wollte jetzt auf Hasen geh'n.
Da kommt schon einer angerannt,
Herr Schlamm hat ihn erkannt:
Dreimal Sapperment,
dreimal Sapperment!
Das ist wohl der Augustin,
das Naturtalent.

4. Herr Schlamm nahm seine Flinte,
die knallte los und stank.
Schon flitzt der Hase weg,
die Kugel hinterher.
Doch der Hase war zu schnell,
die Kugel fiel in 'n Dreck,
und Herr Schlamm, der schimpfte sehr:
Dreimal Sapperment,
dreimal Sapperment!
Das ist wohl der Augustin,
das Naturtalent.

5. Augustin war stolz,
er trug die Nase hoch
und einen Orden auch.
Er wurde Landesmeister gar
im großen Zickzackdauerlauf,
und bei der Ehrenrunde
sangen alle Mann ganz laut:
Seht mal, wer da rennt,
seht mal, wer da rennt!
Das ist wohl der Augustin,
das Naturtalent.

Das Hase-Augustin-Spiel

Zuerst wählt ihr aus eurer Gruppe die Hauptdarsteller. Bei diesem Spiel gibt es drei: **Der Hase Augustin,**
der Gärtner,
Herr Schlamm aus Düsseldorf.

Die anderen Kinder sind die Sänger. Sie bilden einen Kreis, in dem die wichtigsten Handlungen gespielt werden. Die Hauptdarsteller singen nicht mit.

In der ersten Strophe läuft der Hase von außen im Zickzacklauf in den Kreis.

In der zweiten Strophe knabbert der Hase am Kohl. (Tip: Zerknülltes Zeitungspapier)

In der dritten Strophe läuft der Hase außen am Kreis entlang und wird von Herrn Schlamm, der im Kreis ist, entdeckt. (Tip: Gewehr = Besenstiel)

In Strophe vier steht der Jäger auf dem Hochsitz (ein Stuhl) und zielt auf den Hasen, der im Zickzack durch den Kreis läuft.

In Strophe fünf läuft der Hase innerhalb des Kreises eine Ehrenrunde und springt auf die Ehrentribüne. (Stuhl)

In der letzten Strophe klatschen alle Kinder im Kreis und laufen links herum, der Hase innerhalb des Kreises rechts herum.

Spatz: Ich möchte auch ein Naturtalent werden. Kannst du mir verraten, wie man das wird?

Augustin: Ein Naturtalent wird man nicht. Das ist man. Von frühen Kindespfoten an. Und ich . . . bin ein Naturtalent. Aber was kannst du denn eigentlich?

Spatz: Ich kann laut und leise tschilpen.

Augustin: Und wie lange hast du dafür gebraucht?

Spatz: Weiß nicht, das kann ich schon immer.

Augustin: Dann bist du ein Naturtalent im Tschilpen. Gratuliere!

Spatz: Aber ich kann doch noch mehr!

Augustin: Was denn?

Spatz: Kopfstehen, Fratzenschneiden und Tanzen.

Augustin: Und wie lang hast du dafür gebraucht?

Spatz: Für das Kopfstehen eine Woche, für das Fratzenschneiden einen Vormittag und für das Tanzen zwei Monate.

Augustin: Aber du kannst das alles nur, weil du geübt hast. Deshalb bist du im Kopfstehen, Fratzenschneiden und Tanzen kein Naturtalent. Ein Naturtalent ist man nur, wenn man alles von selbst kann. (Hoppelt weg.)

Spatz: Dann bin ich lieber kein Naturtalent.
(Schneidet eine Fratze und macht einen Kopfstand.)

Kaninchenlied

2. Ach, Mama, ach,
   es ist so allein.
   Hätt' ich doch ein andres,
   dann wär'n es schon zwei.
   Larydum, darydumday.

3. Schau, Mama, schau,
   was ich dir zeig:
   Ein and'res Kaninchen,
   so weiß wie ein Ei.
   Larydum, darydumday.

4. Jetzt hab' ich schon zehn,
   und die Hälfte ist weiß.
   Mama sagt, wem eins fehlt,
   sagt sie sehr gern den Preis.
   Larydum, darydumday.

5. Für meine Kaninchen
   da rupf ich jetzt Gras.
   Es sind schon fast dreißig,
   ist das nicht ein Spaß?
   Larydum, darydumday.

6. Jetzt sind es fast fünfzig
   und Papa der schreit.
   Die bring ich zum Metzger,
   es wird höchste Zeit.
   Larydum, darydumday.

7. Ich hab das nicht gern,
   wenn der Papa so drängt.
   Da hab ich fast alle
   meinen Freunden geschenkt.
   Larydum, darydumday.

8. Und uns're Kaninchen,
   die machen uns Spaß.
   Soll der Metzger nur kommen,
   dem husten wir was.
   Larydum, darydumday.

Er zählt die Häupter
seiner Lieben,
Und sieh es sind statt sechse sieben
Er zählt sie nochmal
mit Bedacht
Und sieh, es sind statt sieben acht
Und eh er sich noch umgesehn,
Nanu, da war'ns statt neune zehn!

Der Cowboy Jim aus Texas

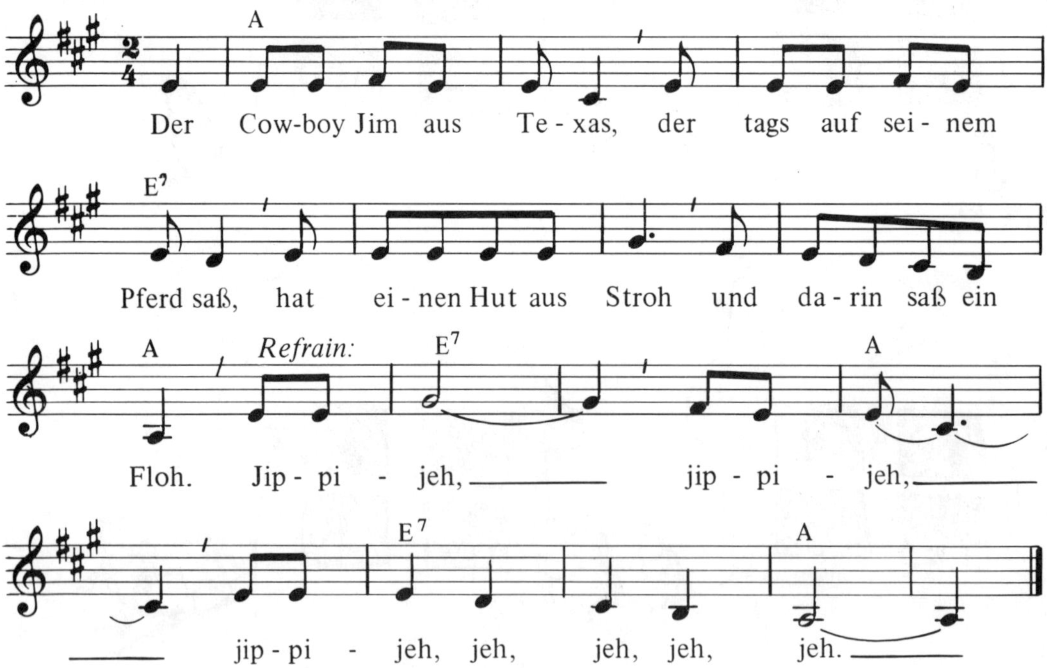

2. Der Floh tat Jim begleiten,
er hatte Spaß am Reiten.
Und ging der Jim aufs Klo,
dann tat das auch sein Floh.
Refrain

3. Oft macht das Reiten Mühe.
Jim hütet hundert Kühe.
Da kommt er oft in Schweiß
und ruft: Ach, was 'n Scheiß!
Refrain

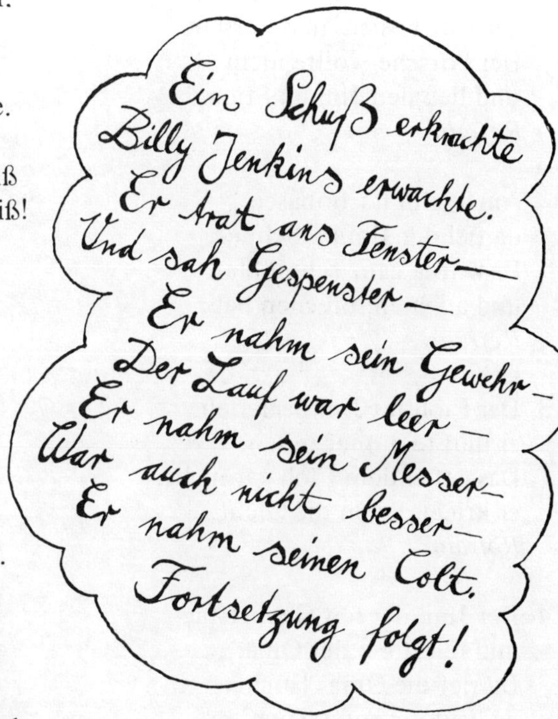

4. Am Tschikitschobasee
ruft Jim sein Jippijeh.
Doch einst am Lagerfeuer
da war's da nicht geheuer.
Refrain

5. Im ersten Morgengrauen
da wollt man Jim verhauen.
Man schlich zu Jimmy fix,
der schlief und merkte nix.
Refrain

6. Der Floh, der hört es trappeln,
tat sich auch gleich berappeln
und stach als echter Floh
den Cowboy in den Po.
Refrain

7. Der Jim sprang auf und fluchte,
als er das Weite suchte.
So war's nix mit Verhauen
im ersten Morgengrauen.
Refrain

8. Der Cowboy Jim aus Texas
sitzt oft bei seiner Oma.
Und beide schaun sich dann
im Fernsehn Cowboyfilme an.
Refrain

Die Schüler aus einer 3. Klasse der Wilhelm-von-Humboldt-Schule in Korbach haben auf Anregung ihrer Lehrerin Christiane Brunßen die Geschichte vom Cowboy Jim weitergedichtet. Jedes Kind hat einen eigenen Vers auf den Cowboy Jim gemacht. Dann haben sie sich im Kreis zusammengesetzt. Jeder hat seinen selbstgemachten Vers vorgesungen und dann alle zusammen den Kehrreim. Hier sind einige dieser Verse:

1. Der Cowboy Jim aus Texas,
der kaufte sich 'nen Porsche.
Der Porsche wollte nicht
und ließ den Jim im Stich.
Refrain

2. Am Tschikitschobasee,
da fiel der Jim in' Schnee.
Er wurde ganz schön blaß
und auch ein bißchen naß.
Refrain

3. Der Floh tat Jim begleiten,
er mußte immer reiten.
Das gefiel dem Floh gar nicht,
er kriegt davon die Gicht.
Refrain

4. Der Jim, der hat Geburtstag
und feiert bei der Oma.
Da rief die Oma: Huch,
da liegt ein rotes Tuch!
Refrain

5. Am Tschikitschobasee,
da steht ein Jippijeh.
Das hatte Jim vergessen,
es kam zu spät zum Essen.
Refrain

6. Der Jim, der sprach zur Oma:
Du bist heut so alleine.
Ich hüte auch die Schweine
mit uns'rer Wäscheleine.
Refrain

7. Da wurde Jim sehr krank
und war auch ziemlich blank.
Da rief die Oma: O weh, o weh,
wenn ich nur auf das Ende seh!
Refrain

8. Der Jim, der ist gestorben
an einem grauen Morgen.
Die Oma sagte: Ich muß!
Und gab ihm einen Kuß.
Refrain

9. Die Oma, ach, die weinte,
als sie die Wäsche reinte.
Dann hat sie aufgehört
und war ganz geistesgestört.
Refrain

Vielleicht fallen euch noch ganz andere Verse ein. Also . . .

Der Cowboy Jim aus Texas,
der Tags auf seinem Pferd saß,
hat einen Hut aus Stroh
und darin saß ein Floh.
Oft macht das Reiten mühe.
Jim hütet hundert Kühe.
Der Cowboy Jim aus Texas,
sitzt oft bei seiner Oma
und beide schaun sich dann
im Fernsehn Cowboyfilme an.

Unsere Lassy ist der Struppi

2. Struppis Vater war ein Schnauzer,
seine Mutter war ein Spitz.
Doch dem Struppi ist das schnuppe,
wenn er durch die Straßen flitzt.
Refrain:

3. Jonny Kraftprotz wollte prügeln,
doch da lag er bei uns schief.
Denn der Paule holt den Struppi,
ui, was da der Jonny lief!
Refrain

4. Aber kommt der Kater Krücke,
dieses alte Krallentier,
dann macht Struppi einen Bogen,
überläßt ihm sein Revier.
Refrain

5. Struppi kann auch andre Bögen:
Hoch hebt er sein Hinterbein.
An der dicken alten Pappel!
macht er seinen Bogen fein.
Refrain

6. Fernsehen gucken, Lassy sehen –
wie 'ne Puppe sitzt man da.
Struppi aber will nach draußen,
und wir laufen mit, na klar!
Refrain:

Dieses Lied ist zum Mitsingen gedacht. Besonders den Kehrreim kann man schön laut mitsingen.

Hau-mich-nicht-Lied

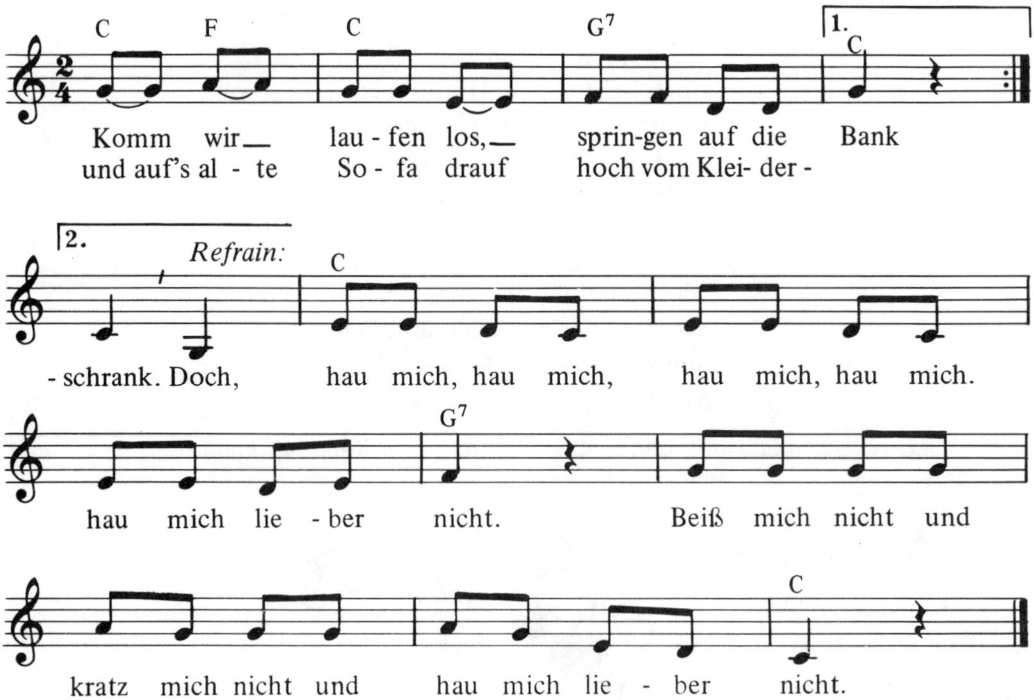

2. Wir verkleiden uns,
ich nehm Vatis Schuh,
Du nimmst Omas Unterrock
und Opas Hut dazu.
Refrain

3. Und aus Tisch und Stühlen,
baun wir uns ein Haus
und du guckst zum Boden –
ich zum Kellerfenster raus.
Refrain

4. Und dann sind wir froh,
wie ein Eskimo,
geben uns ein Nasenküßchen,
denn das kitzelt so.
Refrain

Dieses Lied ist nicht nur zum Mitsingen gemacht. Ihr könnt es auch nachspielen. Vielleicht habt ihr dazu ein altes Sofa, ein paar Matratzen, einen Schrank und alte Sachen zum Verkleiden. Die letzte Strophe geht auch ohne Verkleidung. Bei drei geht's los . . . Eins! Zwei! Drei!

Wenn die Liebe nicht wär'

3. Wenn die Liebe nicht wär,
wär die Schule ganz leer
und H e r r S c h m a l f u ß könnte stempeln geh'n.
Mit dem Stempel in der Hand
zög er durch das ganze Land.
Ach, wie ist die Liebe doch so schön.

2. Wenn die Liebe nicht wär,
wär der Kindergarten leer
und F r a u S e i f e r t könnte stempeln geh'n.
Mit dem Stempel in der Hand
zög sie durch das ganze Land.
Ach, wie ist die Liebe doch so schön.

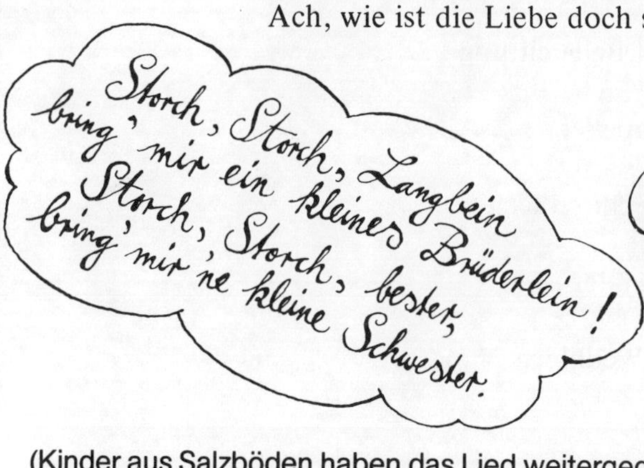

(Kinder aus Salzböden haben das Lied weitergedichtet und jeweils die Namen der Kindergärtnerin und des Lehrers eingesetzt. Wenn ihr das Lied singt, könnt ihr natürlich die Namen von Kindergärtnerinnen und Lehrern, die ihr kennt, einsetzen!)

Meine Oma fährt im Hühnerstall Motorrad

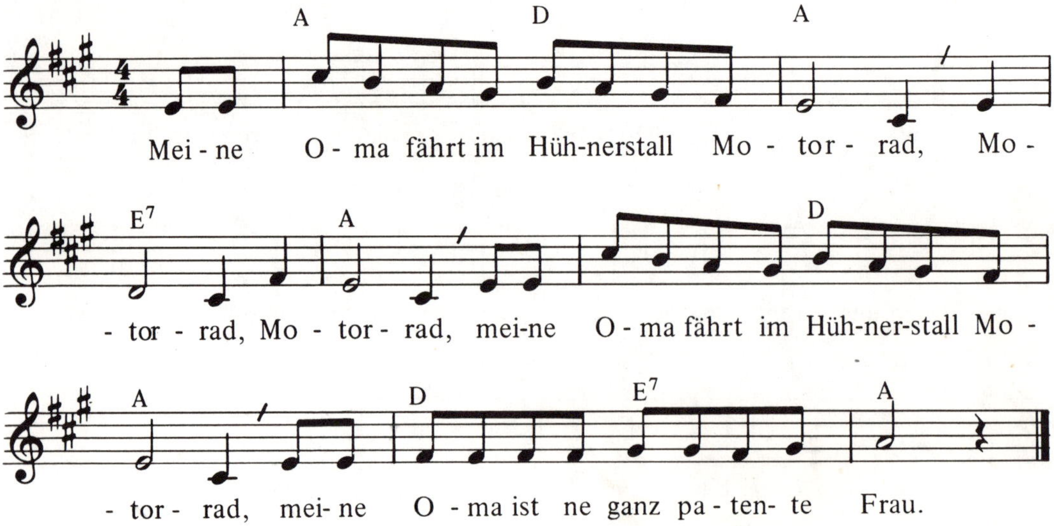

2. Meine Oma lernt im Suppenteller schwimmen, ja schwimmen, ja schwimmen,
   meine Oma lernt im Suppenteller schwimmen
   und der Opa fährt im Schlauchboot hinterher.

3. Meine Oma fährt im Panzer zum Finanzamt . . . .

4. Meine Oma hat im Backenzahn ein Radio . . . .

5. Meine Oma bäckt im Kühlschrank eine Torte . . . .

6. Meine Oma hat nen Schlüsselbund mit Kompass . . . .

7. Meine Oma hat nen Nachttopf mit Beleuchtung . . . .

8. Meine Oma hat nen Löffel mit Propeller . . . .

9. Meine Oma hat ne Teekanne mit Schutzblech . . . .

10. Meine Oma hat ne Glatze mit Geländer . . . .

11. Meine Oma hat nen Petticoat aus Wellblech . . . .

12. Meine Oma hat nen Goldfisch, der raucht Pfeife . . . .

13. Meine Oma hat nen Sturzhelm mit Antenne . . . .

14. Meine Oma hat nen Papagei mit Blue Jeans . . . .

15. Meine Oma hat im Strumpfband nen Revolver . . . .

16. Meine Oma hat Klosettpapier mit Blümchen . . . .

17. Meine Oma hat nen Bandwurm, der gibt Pfötchen . . . .

18. Meine Oma hat ne Brille mit Gardinen . . . .

19. Meine Oma hat nen Waschbecken mit Sprungbrett . . . .

20. Meine Oma hat nen Krückstock mit nem Rücklicht . . . .

21. Meine Oma hat nen Kochtopf mit nem Lenkrad . . . .

22. Meine Oma hat nen Dackel, der trägt Höschen . . . .

23. Meine Oma guckt die Tagesschau mit'm Fernrohr . . . .

24. Meine Oma springt auf Stelzen in die Disco . . . .

25. Meine Oma . . . .

26. Meine Oma . . . .

27. Meine Oma . . . .

Das schnelle Lied

2. Früh am Morgen – Ferdinand
kommt aus seinem Haus gerannt
und springt in sein großes rotes,
schnelles Superauto
Refrain:
Brrm, brrm, brrm, brrm,
guck doch mal, wie schnell ich bin!

3. Früh am Morgen – Emma Nolte,
die Kartoffeln holen wollte,
tuckert mit dem Traktor los,
mit dem starken Traktor.
Refrain:
Butt, butt, butt, butt, butt, butt, bum,
guck doch mal, wie stark ich bin!

4. Ferdinand kommt angebrummt,
und fährt fast den Traktor um
und schimpft noch die Emma aus:
Ach du lahme Ente!
Refrain:
Brrm, brrm, brrm, brrm,
guck doch mal, wie schnell ich bin!

5. Plötzlich ruft er: Ach du Scheiß,
auf der Straße ist ja Eis!
Und schon rutscht der Ferdinand
in den Straßengraben.
Refrain:
Sinn, sinn, sinn, sinn,
auweiowei, wie schnell ich bin!

6. Da kam grade Emma Nolte,
die Kartoffeln holen wollte.
Und sie sah den Ferdinand
drin im Straßengraben.
Refrain:
Brrm, brrm, brrm, brrm,
der sitzt in der Patsche drin.

7. Und die Emma hängte dann,
das Auto an den Traktor dran:
Ferdinand, schau, was ich kann
mit meiner lahmen Ente.
Refrain:
Butt, butt, butt, butt, butt, butt, bum,
guck doch mal wie stark ich bin!

8. Und der kleine Wind, der lacht:
Das hat Emma gut gemacht!
Und weht weiter übers Land
bis nach Friedelhausen.
Refrain:
Sinn, sinn, sinn, sinn,
guck doch mal wie schnell ich bin.

Melissa Rudershausen aus Neumünster hat sich ein Gedicht ausgedacht, das gut zum „Schnellen Lied" paßt:

1. PKW und LKW trafen sich auf dem Feld.
PKW sprach zu LKW:
Du kannst viel tragen,
du bist ein Held!

2. LKW sprach zu PKW:
Du kannst schnell fahren,
du bist ein Held!
Beide singen im Duett:
Wir sind Kraftfahrzeuge,
wir sind KFZ!

3. Sie haben einen Vorteil,
sie haben einen Nachteil!
LKW kann viel tragen,
aber nicht so schnell.
PKW kann schnell fahren,
aber nicht viel tragen.

Der Schnelle Ferdi

Früh am Morgen Ferdinand
kommt aus seinem Haus gerannt

und springt in sein großes, rotes,
schnelles Superauto.

Früh am Morgen Emma Nolte
die Kartoffeln holen wollte

Tuckert mit dem Traktor los
mit dem starken Traktor.

Ferdinand kommt angebrummt
und fährt fast den Traktor um

und schimpft noch die Emma aus:
Ach Du lahme Ente!

Plötzlich ruft er: „Ach Du Scheiss,
auf der Strasse ist ja Eis!"

Und schon rutscht der Ferdinand
in den Strassengraben.

Da kam gerade Emma Nolte
die Kartoffeln holen wollte,

und sie sah den Ferdinand
drin im Strassengraben.

Und die Emma hängte dann
das Auto an den Traktor an,
„Ferdinand schau was ich kann
mit der lahmen Ente".

Und der kleine Wind der lacht,
das hat Emma gut gemacht
und weht weiter übers Land
bis nach Friedelhausen.

Das Würmchen

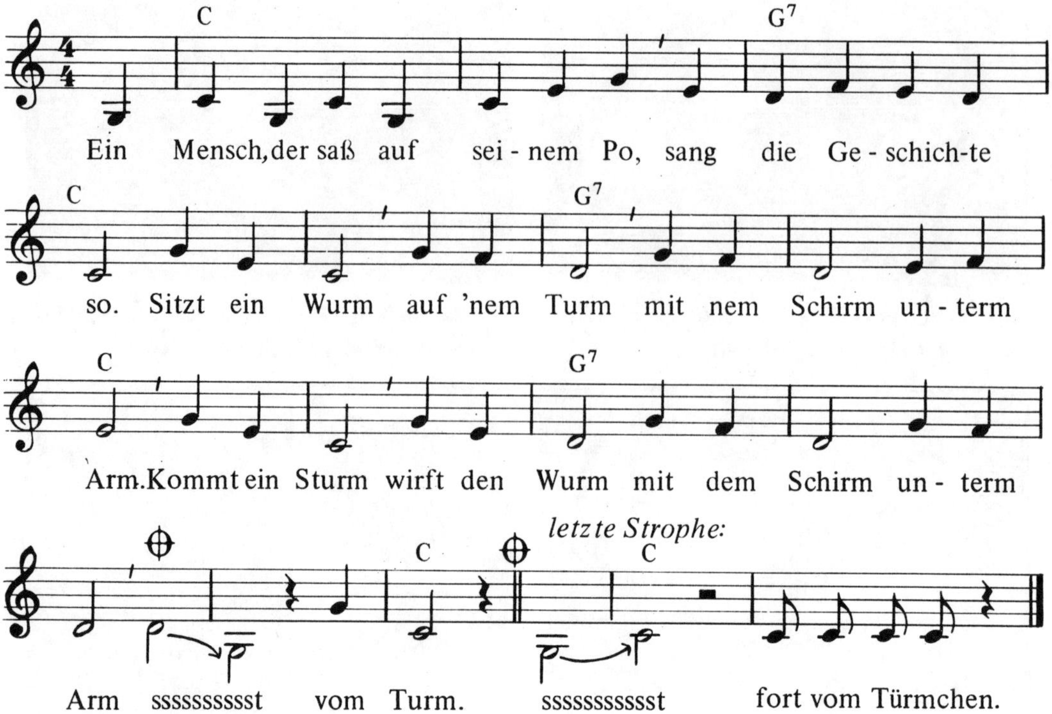

2. Ne Tante saß auf ihrem Po,
sang die Geschichte so:
Sitzt ein Würmlein
auf dem Türmlein
mit nem Schirmlein
unterm Ärmlein.
Kommt ein Stürmlein
wirft das Würmlein
mit dem Schirmlein
unterm Ärmlein
sssssssssssssssssst
vom Türmlein.

3. Ein Schwabe saß auf seinem Po,
sang die Geschichte so:
Sitzt e Würmle
aufem Türmle
mittem Schirmle
unterm Ärmle.
Kommt e Stürmle
schmeißt das Würmle
mittem Schirmle
unterm Ärmle
ssssssssssssssst
vom Türmle.

4. Ein I, das saß auf seinem Po,
sang die Geschichte so:
Sitzt in Wirm
ifim Tirm
mittim Schirm
intirm Irm.
Kimmt in Stirm,
wirft din Wirm
mit dim Schirm
intirm Irm
sssssssssssssssst
vim Tirm.

5. Ein Hesse saß auf seinem Po,
sang die Geschichte so:
Sitzt e Wärmsche
uffem Tärmsche
mittem Schärmsche
unnerm Ärmsche,
Kummt e Schtärmsche
saacht zum Wärmsche:
Ei, ich blos disch gleich
vom Tärmsche!
Naa, saacht das Wärmsche
mittem Schärmsche unnerm Ärmsche,
Naa, du blost mich net vom Tärmsche.
Doch, saacht das Schtärmsche
zu dem Wärmsche
und ich blos dich doch vom Tärmsche
Ä ä, saacht das Wärmsche
mit dem Schärmsche unnerm Ärmsche
und du blost mich net vom Tärmsche!

6. Und das Würmchen
auf dem Türmchen
öffnete ganz schnell
sein Schirmchen.
Und es segelt
auf dem Stürmchen.
sssssssssssssssssssssst
fort vom Türmchen.

Auch dieses Lied könnt ihr selber erweitern. Ihr könnt es z. B. so singen wie ein Bayer, ein Sachse oder ein Berliner es singen würden. Oder wie ein Chinese mit „ching“ und „chong“, wie ein Nordamerikaner, der spricht, als hätte er eine heiße Kartoffel im Mund. Aber könnt ihr euch auch vorstellen, wie ein Opernsänger das Lied singen würde? Vielleicht so:

Hoho! Hohooooo!
Ein Sturm
wirft den Wurm
Figaro! Figaro! Figaro!
vom Turm.

oder ein Pastor:

Wirft das Würmelein
in Gottesnamen
vom Türmelein
Aaahamen!

oder ein Unteroffizier:

„Wirft das Würmlein
Marsch! Marsch!
vom Türmlein
Zack! Zack!

oder Heino:

Kommt ein Stürmlein
Lore! Lore! Lore!
wirft das Würmlein
Juppheidi! Juppheida!
vom Türmlein.
Holderio!

Spatzenlied

2. Er hat ein' kleinen Schnabel,
er schnäbelt hin und her.
Und wenn sodann der Abend kommt,
dann schnäbelt er nicht mehr.

3. Er hat zwei kleine Augen,
er äugelt hin und her.
Und wenn sodann der Abend kommt,
so äugelt er nicht mehr.

4. Er hat ein kleines Köpfchen,
er köpfelt hin und her.
Und wenn sodann der Abend kommt,
so köpfelt er nicht mehr.

5. Er hat zwei kleine Flügel,
er flügelt hin und her.
Und wenn sodann der Abend kommt,
so flügelt er nicht mehr.

6. Er hat ein kleines Schwänzchen
er schwänzelt hin und her.
Und wenn sodann der Abend kommt,
dann schwänzelt er nicht mehr.

7. Und wenn der Abend da ist,
dann hat er einen Platz,
da schläft er wie ein Murmeltier,
der kleine freche Spatz.

Ihr setzt euch im Kreis zusammen und macht beim Singen alle Spatzenbewegungen nach: Den Schnabel mit den Händen, die Flügel mit den Armen und den Spatzenschwanz mit dem Hintern.

Unser Haus

2. Darin wohnt Anton Dörr
und das ist der Friseur,
sagt immer: Ja und bitteschön.
Wie wärs denn recht? Den Kopf jetzt drehn.
Jawohl, das wärs und bitte sehr!
Kassieren tut er hinterher.
Refrain

3. Bei uns im ersten Stock
da wohnt der kleine Hock.
Da gibts oft Krach am Mittagstisch,
was hält der Bub den Mund auch nicht.
Der Vater Hock, der kommt in Wut,
wenn man ihm nicht gehorchen tut.
Refrain

4. Bei uns im zweiten Stock,
da wohnt der Doktor Bock.
Tut mir der Backenzahn mal weh,
muß ich zum Doktor Bock hingehn,
der kümmert sich dann um den Zahn,
verdient anscheinend gut daran.
Refrain

Und wie sieht das in eurem Haus aus? Kann man davon auch ein Lied machen?

5. Im dritten Stock wohnt einer,
das ist der lange Rainer.
Der kommt mit'm Sturzhelm um die Eck',
steigt auf sein Moped und fährt weg.
Dann knattert er die kreuz und quer,
weil er sehr gern der Schnellste wär.
Refrain

6. Im fünften Stock, au backe,
da wohnt der alte Knacke.
Er wohnte gern im ersten Stock,
doch da wohnt schon der Vater Hock
und ruft: Du meine Güte,
kommt gar nicht in die Tüte.
Refrain

7. Ganz oben auf dem Dach,
da machen die Spatzen Krach.
Die zahlen keine Miete nicht,
und balgen sich ganz fürchterlich.
Das Dach ist ihre Spatzenwelt,
's macht „pitsch", wenn da was runterfällt.
Refrain:
Tripp, tripp, trapp mit Mann und Maus,
Trapp, tripp, tripp, das Lied ist aus.

Bei Müller hats gebrannt, brannt, brannt
da bin ich hingerannt, rannt, rannt,
da kam ein Polizist, zist, zist,
der schrieb mich auf die List, list, list
die List, die fiel in' Dreck, dreck, dreck
da war mein Name weg, weg, weg
Ich hob sie wieder auf, auf, auf
da steht mein Name drauf, drauf, drauf
da lief ich schnell nach Haus, haus, haus
zu meinem Onkel Klaus, klaus, klaus,
der lag im Bett
mit seiner Frau Elisabeth
Elisabeth die schämte sich
und zog die Decke über sich.

Heimatlied

2. Wir stöbern in allen Winkeln herum.
   Wir schleichen durchs hohe Gras.
   ‖: Und im Sommer da holn wir den Gartenschlauch
   und spritzen uns tüchtig naß. :‖

3. Wo der Abenteuerspielplatz ist,
   da spielen wir Winnetou.
   ‖: Und erst wenns daheim was zu essen gibt,
   dann geben wir langsam Ruh. :‖

4. Vom *Backhaus*, da laufen wir geschwind
   zum *Brückewoasem* hinab.
   Wir sind in *Salzböden* die Kreuz und die Quer
   den ganzen Tag auf Trab.

5. Das Dörfchen, das ha'm wir genauso lieb
   wie andere Leute ihr's.
   Und heute ist ein schöner Tag
   jawoll, das feiern wir.

So wie das Lied hier steht, ist es für die Salzbödener Kinder geschrieben worden. Einige Ausdrücke in dem Lied werden euch wahrscheinlich fremd sein. (Zum Beispiel: „Brückewoasem“ = eine Wiese bei einer Brücke am Rand von Salzböden, die als Turn-, Fest- und Dreschplatz benutzt wurde.) Damit es auch ein Heimatlied für euch wird, müßt ihr die schräggedruckten Wörter austauschen und Namen für Dinge einsetzen, die ihr aus eurer Gegend kennt.

Dracula

C
1, 2, 3, 4 Dra - cu - la, 5, 6, 7, 8
G
Dra - cu - la er - wacht, er - wacht um Mit - ter - nacht. Die
C
Uhr schlägt zwölf, ich hör es schon: Dra - cu - la am
F7
Te - le - fon. Es klap - pert sein Ge - biß, es
C
klap - pert sein Ge-rüst. Die Lei -chen tan - zen Ro - ck'n Roll bei
G7 C
Nacht, bei Nacht, bei Nacht im Mon - den - schein.

Graf Drakula, der wollt einmal
des Teufels Geldschrank knacken
Doch als er das Papiergeld sah
da fing er an zu kacken
wischt sich den Arsch mit Dollars ab
und floh zurück ins tiefe Grab.

Der Elefant auf dem Spinnennetz

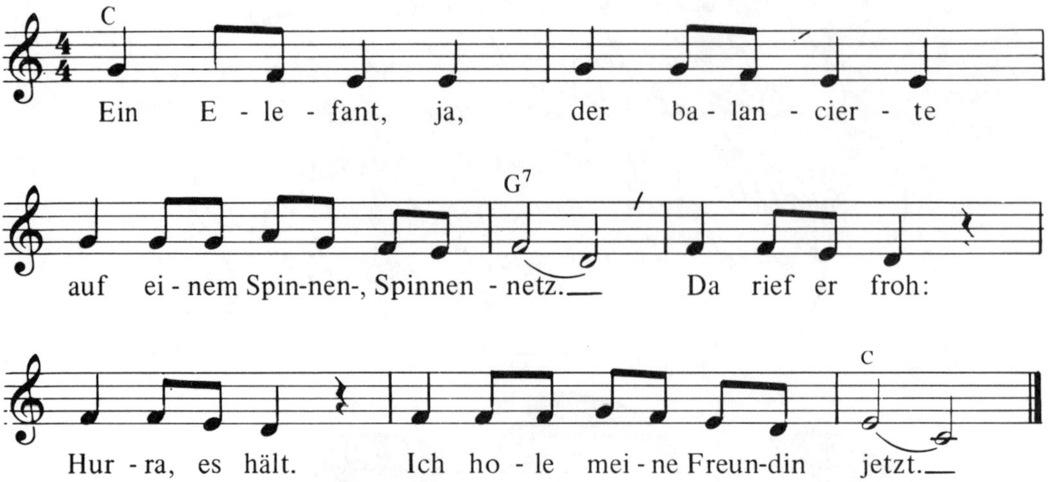

2. Zwei Elefanten,
   die balancierten
   auf einem Spinnen-, Spinnennetz.
   Da riefen sie:
   Hurra, es hält!
   Da holen wir die Silke jetzt.

3. Drei Elefanten,
   die balancierten
   auf einem Spinnen, Spinnennetz.
   Da riefen sie:
   Hurra, es hält.
   Da holen wir den Thomas jetzt.

4. Vier Elefanten,
   die balancierten . . . .

   Und dann hat die Spinne
   am Netz gewackelt.
   Rumpumpeldibumm,
   war das ein Gekrabbel.

Das Elefantenspiel

Zum Nachspielen von diesem Lied braucht ihr zuerst ein Stück Kreide und eine alte Matratze. Ihr malt mit der Kreide dann ein Spinnennetz auf den Boden. In die Mitte vom Netz legt ihr die Matratze. Dann beginnt der gefährliche Balanceakt. Zuerst tritt nur ein Elefant auf. Die anderen sitzen außerhalb und singen. Von Strophe zu Strophe werden es immer mehr Elefanten, die sich auf die Mitte zubewegen. Sind alle Elefanten im Spiel, wird die letzte Strophe gesungen. Ein Kind sollte bis zum Schluß außerhalb bleiben und dann das Zeichen dafür geben, daß alle Elefanten durcheinanderpurzeln. – Die Namen in der zweiten und dritten Strophe könnt ihr natürlich austauschen und eure eigenen Namen einsetzen.

Der Frosch zog Hemd und Hose an ...

Spiellieder

Ich wollt, ich wär ein Huhn

Einige Tips, wie ihr euch mit wenigen Mitteln in Tiere verwandeln könnt.

In den Liedern „Frosch und Maus", dem „Hasen Augustin" und dem „Hühnerhof" kommen viele unterschiedliche Tiere vor. Das Spielen dieser Lieder macht erst dann richtig Spaß, wenn ihr euch selber in richtige Tiere verwandelt. Wie man mit ganz einfachen Mitteln und wenigen Sachen selber Tierkostüme basteln kann, wollen wir hier zeigen. Und was wird dafür gebraucht?

Ein großer Berg alter Sachen

Zunächst solltet ihr nach alten Sachen und Kleidungsstücken Ausschau halten, nach Kleidern, die oft ganz hinten im Schrank hängen, weil sie keiner mehr anzieht. Zum Wegwerfen sind sie zu schade, aber zum Spielen gerade richtig. In manchen Familien gibt es oben auf dem Dachboden oder unten im Keller eine Kiste, die noch von Oma Willa oder Tante Lenchen übriggeblieben ist, voll von schönen alten Kleidungsstücken. Da gibt es zum Beispiel einen riesigen schwarzen Schlapphut, einen Strohhut mit Blumen, einen alten grauen Kleppermantel aus Gummi, Stöckelschuhe, die mit schwarzem Samt überzogen sind, einen riesigen und schweren Fellmantel, an dem zwei Generationen Motten ihre Spuren hinterlassen haben, eine Taucherbrille, ein Spazierstock, eine Schiebermütze kariert, Stoffreste, eine Dreiecksbadehose, ein Fernglas, einen Zylinder, eine Badekappe. Viele dieser alten Kleider lassen sich für unsere Tierkostüme gut verwenden. Sie müssen lediglich leicht abgewandelt werden, oder es muß noch eine Kleinigkeit hinzukommen.

Pappe, Stoffe, Kleber, Garn

Die hervorstechendsten Merkmale der Tiere sind in der Regel Nase und Ohren. Für die Tiermasken sind deshalb diese beiden Elemente die wichtigsten. Ohnehin ist für das Spiel eine Halbmaske, die nur einen Teil des Gesichtes abdeckt, schöner. Ihr fühlt euch bei Bewegungen nicht eingeengt und behaltet stets den Überblick über das Spiel. Grundregel: Die Augen sollten niemals durch eine Maske oder ähnliches abgedeckt werden.

Ohren: Ohren lassen sich leicht aus Pappe oder aus Stoff (Filz oder Loden) schneiden. Die befestigt ihr z. B. an einem Stirnband. Das kann man z. B. aus Tesakrepp machen, indem man einfach zwei Streifen aufeinanderklebt und die dann an ihren Enden zusammenklebt. Vorher müßt ihr allerdings ausmessen, ob das Stirnband um euren Kopf paßt. An das Stirnband können dann die Ohren geklebt oder geheftet werden. Aber ihr könnt die Ohren auch an Hüte oder Mützen befestigen.

Nasen und Schnäbel: Einfache spitze Nasen kann man aus Karton schneiden und sie dann zusammenkleben, z. B. für die Nase von einer Ratte. – Soll die Nase jedoch rund werden, dann wird es schwieriger. Am besten, man macht zuerst eine Form aus Knetmasse und formt sich die Nase genauso, wie man sie später haben will. Zur Kontrolle hält man sich die Nase vor's Gesicht und macht eine Probe im Spiegel. Als nächstes zerschneidet man Zeitungspapier in viele kleine Streifen (1 cm breit, 100 cm lang) und rührt die Zeitungsschnipsel in einem Topf mit Tapetenkleister an. Nun fettet ihr eure Nasenform mit Vaseline oder Creme ein und klebt die Papierstreifen in mehreren Schichten auf die Form. Nach einer Trockenzeit von einem Tag könnt ihr eure Pappnase von der Form nehmen, sie anmalen und mit einem Gummiband versehen. Um eine kleine runde Nase zu erhalten, z. B. für die Maus, könnt ihr auch einen kleinen Gummiball zerschneiden und Löcher für das Gummiband hineinpieken.
Schnäbel lassen sich leicht aus Pappe herstellen. Die Pappe sollte jedoch fester und steifer sein als bei den Nasen, besonders wenn ihr einen langen Schnabel bauen wollt.

Pinsel, Tusche, Schminke

Die selbstgebastelten Kopf- und Körperteile der verschiedenen Tiere solltet ihr den Farben der Tiere und denen eurer Kleidungsstücke angleichen. – Mit Wasserfarben und Schminke könnt ihr euch Tiermasken direkt auf das Gesicht malen. – Bei manchen Tieren, z. B. der Katze und der Maus, sieht eine aufgemalte Nase oft besser aus als eine zusätzlich aufgesetzte. Mäuse- und Katzenschnurrbärte kann man sich gut ins Gesicht malen. Mit Farbe lassen sich auch vollständige Masken machen, z. B. vom Frosch: Ein grünes Gesicht mit gelbumrandeten Augen usw....

Frosch und Maus

2. Dann hüpft er zu dem Mauseloch, aha,aha!
Dann hüpft er zu dem Mauseloch
und küßt die Maus,die liebt ihn doch, aha, aha!

3. Die Maus sagt: Du bist naß und grün, aha, aha!
Die Maus sagt: Du bist naß und grün,
jedoch du quakst so wunderschön, aha, aha!

4. Dann holt sie ihren Federhut, aha, aha!
Dann holt sie ihren Federhut,
der steht ihr aber wirklich gut! Aha, aha!

5. Wo feiern wir? Ich freu' mich schon, aha, aha!
Wo feiern wir? Ich freu mich schon.
In einem alten Pappkarton, aha, aha!

6. Die ersten Gäste kamen an, aha, aha!
Die ersten Gäste kamen an,
Rabe, Hamster, Spatz und Hahn, aha, aha!

7. Der Rabe stakste steif herein, aha,aha!
Der Rabe stakste steif herein
und rief sogleich: „Wo bleibt der Wein?" Aha, aha!

8. Der Hamster ist heut sehr galant, aha, aha!
Der Hamster ist heut sehr galant,
er schüttelt jedermann die Hand, aha, aha!

9. Der Spatz, der hüpft im Zickzack ran, aha, aha!
Der Spatz der hüpft im Zickzack ran,
weil er vortrefflich hüpfen kann, aha, aha!

10. Der Hahn stolzierte stolz heran, aha, aha!
Der Hahn stolzierte stolz heran
und kräht so laut er krähen kann, aha, aha!

11. Und dann kam Onkel Ratte rein, aha, aha!
Und dann kam Onkel Ratte rein,
der trank sein Bier und schlief gleich ein, aha, aha!

12. Der Frosch quakt seinen schönsten Ton, aha, aha!
Der Frosch quakt seinen schönsten Ton,
da wackelte der Pappkarton! Aha, aha!

13. Der Kater Karlo hörte das, aha, aha!
Der Kater Karlo hörte das
und schlich sich ran durchs hohe Gras, aha, aha!

14. Die Maus rief: Guck, der Kater kommt, aha, aha!
Die Maus rief: Guck der Kater kommt,
jetzt alle Mann den Fürchteton! Aha, aha!

15. Und da kam aus dem Pappkarton, aha, aha!
Und da kam aus dem Pappkarton
ein wirklich fürchterlicher Ton,! Aha, aha!

16. Das quietschte, und das pfiff und schrie, aha, aha!
Das quietschte, und das pfiff und schrie,
der Kater rannte weg– und wie! Aha, aha!

17. Er warnte seinen kleinen Sohn, aha, aha!
Er warnte seinen kleinen Sohn
vor dem Gespenst im Pappkarton, aha, aha!

18. Die Tiere in dem Pappkarton, aha, aha!
Die Tiere in dem Pappkarton,
die tanzten, bis sie müde warn
und bis das Fest sein Ende nahm, aha, aha!

Das Frosch-und-Maus-Spiel

Beim Frosch-und-Maus-Spiel braucht man viele Schauspieler. Manchmal sind einzelne Kinder zu schüchtern, um etwas allein vorzuspielen. Dann sollten alle die Bewegungen erst mal zusammen machen. Man muß sich auch überlegen, wie man etwas darstellt, z. B. das Staksen des Raben (steife Arm- und Beinbewegungen) oder das Hereinstolzieren des Hahnes (Geschwollene Brust, hocherhobener Kopf). Auch das kann zunächst von allen eingeübt werden. Und wer spielt alles mit?

1. Die Tiere

Frosch, Maus, Rabe, Hamster, Spatz, Hahn und **Onkel Ratte.**

Außerdem spielen noch Kater Karlo und sein Sohn mit. (Auf Karlos Sohn könnt ihr im Notfall verzichten, da er ja keine richtige Rolle spielt, sondern nur zuhört.)
Das Frosch-und-Maus-Spiel macht sich am besten, wenn alle eine Tiermaske haben. Aber man kann sich auch andere Verkleidungen einfallen lassen. So kann der Frosch mit grün bemaltem Gesicht, aber auch in einer Taucherbrille mit Schwimmflossen und einem grünen Pullover auftreten. Die Maus holt sich einen Hut, an dem lange Federn stecken. Der Rabe hat eine schwarze Jacke an, der Hamster einen Pelzmantel und Onkel Ratte vielleicht eine Schlägermütze. Eine Bierflasche läßt sich sicher auch leicht finden.

2. Der Pappkarton

Als wichtigsten Gegenstand braucht ihr einen großen Pappkarton. Er muß so groß sein, daß die ganze Hochzeitsgesellschaft darin Platz hat. Wenn kein großer Pappkarton da ist, könnt ihr leicht einen großen aus vielen kleinen bauen. Ihr müßt dazu die Pappkartons auseinandernehmen und vier gleich große rechteckige Pappwände herstellen. Damit die Wände auch halten, kann man sie durch eine Holzleiste verstärken. Sind die Wände hoch genug, kann man sie so zusammenstellen, daß drei die Seitenwände bilden und eine das Dach. Die Seite, die frei bleibt, ist dann der Eingang zur Villa „Pappkarton". Statt des Pappkartons könnt ihr auch einen Tisch nehmen, über den ihr eine Decke legt, die die Seiten des Tisches vollkommen abdeckt. Jetzt habt ihr so eine Art Höhle für das Frosch-und-Maus-Spiel.

3. Die Spielhandlung

Für den Anmarsch der Gäste sollte genügend Platz gelassen werden, damit jedes Tier in seiner besonderen Gangart herbeilaufen kann. Die Ankunft der Tiere kann man auch vor dem Pappkarton spielen. Nach der Begrüßung krabbelt das jeweilige Tier dann zu den andern in den Karton. Die Sänger bzw. die „Kapelle" sollte nicht zu weit vom Pappkarton weg sitzen, so daß Sänger und Spieler leicht in Kontakt bleiben. Die Sänger singen am besten das Lied nicht einfach durch, sondern gleichen es dem Tempo des Spiels an. Sie sollen also an bestimmten Stellen ruhig Pausen machen, um z. B. das Quaken des Frosches, das Krähen des Hahnes oder den „Fürchteton" abzuwarten. – Die Tier-Schauspieler können, solange sie noch nicht in das Spiel einbezogen sind, bei den Sängern mitmachen. Bei ihrem Auftritt aber bleiben sie stumm und konzentrieren sich ganz auf ihre Rolle. Nur die Ausrufe und Laute, die zum Spiel gehören bzw. in die Begrüßungssituation passen, sollen eingebracht werden. – Zum Tanzen am Schluß können die Tiere aus dem Pappkarton wieder herauskommen. Spaß macht es auch, wenn sie den Pappkarton hochnehmen und sich mit ihm singend im Kreise drehn.

Paules Ecke

Der spielt ja noch im Sandkasten, hatten die andern Kinder gerufen. Aber das stimmte nicht. Paul würde gerne woanders spielen. Aber die Straße war zu gefährlich. Die war nur für die Autos da. Deshalb hatte sein Vater im Garten einen Sandkasten gebaut. Aber nach einiger Zeit wollte Paul lieber in richtiger Erde buddeln und hinter der Gartenlaube im Gerümpel 'rumwühlen. Eine richtige Hacke und ein richtiger Spaten machten ihm jetzt mehr Spaß als das bunte Spielzeug, das die Oma ihm schenkte. Aber immer, wenn er mit geschultertem Spaten in die Beete stolzierte, rief jemand: Machst du wohl, daß du aus den Beeten 'rauskommst! Das war die Oma. Sie meinte: Kinder müssen spielen, und dazu ist der Sandkasten da. Aber Paul wartete nur, bis die Oma weg war, und dann machte er doch, was er wollte. So ein ungezogener Bengel, schimpfte die Oma, und das tat sie ziemlich oft.
Seine Mutter aber sagte eines Tages: Paul bekommt sein eigenes Beet. Da soll er sehen, wie er zurecht kommt. Eine Tracht Prügel soll er bekommen, sagte die Oma. Aber Paul bekam sein Beet. Er schulterte seinen Spaten und war jetzt ein richtiger Gärtner. Das Beet war sein Eigentum. Niemand durfte es betreten. Auch seine Freunde nicht. Aber dann kam es doch anders...

Die Rübe

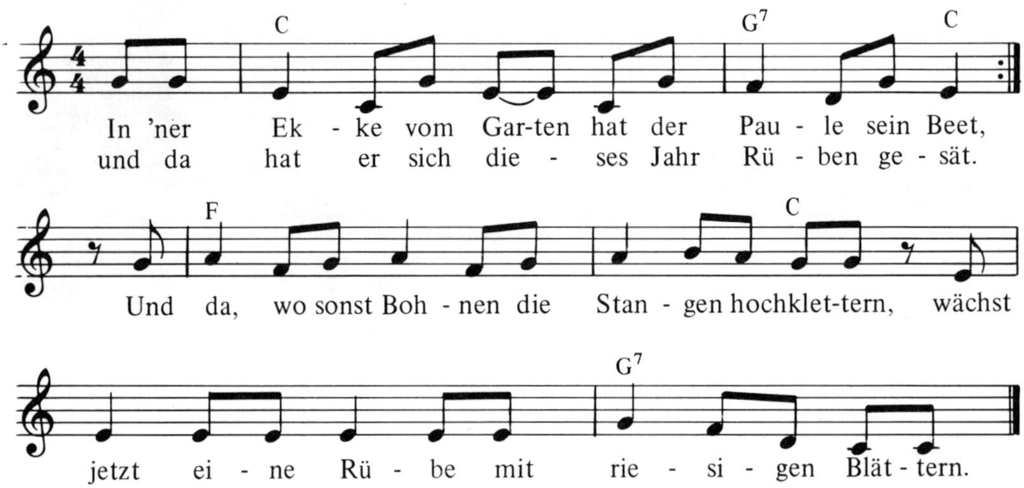

2. Paul staunt, und er sagt sich: Ei, wenn ich nur wüßt,
wie groß und wie schwer diese Rübe wohl ist.
Schon krempelt er eilig die Ärmel hoch,
packt die Rübe beim Schopf und zog und zog.

3. Doch die Rübe, die rührt sich kein bißchen vom Fleck,
Paul zieht, und Paul schwitzt, doch er kriegt sie nicht weg.
Da ruft der Paul seinen Freund, den Fritz,
und der kommt auch gleich um die Ecke geflitzt.
Refrain:
Hauruck! zieht der Paul, und Hauruck zieht der Fritz.
Alle Mann, nix wie ran, ganz egal, ob man schwitzt.
Die Rübe ist dick, und die Rübe ist schwer,
wenn die dicke schwere Rübe doch schon rausgezogen wär!

4. Jetzt ziehn sie zu zweit mit Hallo und Hauruck,
doch die Rübe bleibt drin, sie bewegt sich kein Stück.
Und Fritz, der läuft los, holt vom Nachbarn den Klaus,
zu dritt kommt die Rübe ganz sicher heraus.

5. Herrje, was'ne Rübe, ja da staunt auch der Klaus.
Jetzt ziehn wir ganz fest, und dann kommt sie schon raus.
Doch die Rübe, die saß drin, und da sagte der Klaus:
Ich hol meine Schwester, die ist grad zu Haus.
Refrain

6. Jetzt ziehn sie zu viert, doch die Rübe bleibt drin.
Der Fritz meint schon traurig: 's hat doch keinen Sinn.
Ganz plötzlich ruft Paul: Hier, ich hab 'ne Idee,
wie wär's, wenn wir mal zum Antonio gehn?

7. Doch da meint der Klaus: So was hilft uns nicht weiter.
Das sind doch alles Kinder von so Gastarbeitern.
Mein Vater sagt immer, die verschwänden viel besser.
Und außerdem sind das Spaghettifresser!

8. Das ärgert den Paul, was der Klaus da so spricht.
Der Antonio ist kräftig, und dumm ist er nicht.
Und außerdem Klaus, hast du eins wohl vergessen,
du hast dich an Spaghetti neulich fast überfressen.

9. Wir brauchen Antonio und auch seine Brüder.
Klaus, Schwester versteht's, und sie läuft schnell hinüber,
hat alle geholt, und gemeinsam ging's ran.
Alle Kinder zusammen, die packten jetzt an.
Refrain

10. Den Antonio zieht der Carlo mit Hallo und Hauruck!
Und sieh da, die dicke Rübe, die bewegt sich ein Stück.
Und jetzt noch mal Hauruck, und die Erde bricht auf,
die Rübe kommt raus und liegt groß obendrauf.

11. Die Kinder, die purzeln jetzt all durcheinander,
doch freut sich ein jeder nun über den andern.
Sie sehn, wenn man so was gemeinsam anpackt,
wird die allerdickste Rübe aus der Erde geschafft.

Das Rübenspiel

Beim Rübenspiel wird die Rübe von einem Menschen dargestellt. Das kann entweder ein Kind oder ein Erwachsener sein. Eine „erwachsene" Rübe hat den Vorteil, daß sie in der Regel schwer herauszuziehen ist und daß die Kinder, die an ihr ziehen, sich wirklich schwer ins Zeug legen müssen.

Rübenkostüme:

Eine Rübenverkleidung könnt ihr auf verschiedene Weise leicht herstellen: z. B. aus einem Kartoffelsack. Ihr nehmt einen alten Sack und schneidet für die Augen und die Arme Löcher hinein. Über dem Kopf des Spielers wird der Sack zugebunden. Über die Arme zieht ihr euch grüne Kniestrümpfe, und die „Sackrübe" ist fertig.
Oder z. B. aus einem Lodenmantel. Ihr zieht euch einen zu großen Lodenmantel an, setzt euch einen Schlapphut oder Jägerhut auf den Kopf und bindet vorne die Ärmel zu. – Ihr könnt auch ein richtiges Rübenkostüm aus farbigen Stoffen und Stoffresten herstellen. Für den Rübenkörper nehmt ihr roten oder gelben Stoff und macht einen Umhang, der um den Hals herum einen Gummizug hat. Die Armteile können von einem alten grünen Pullover oder einer Jacke stammen, an die ihr grüne Stoffreste klebt oder näht. Auch an dem Hut könnt ihr diese Stoffreste befestigen, so daß die Rübe obenrum richtiges dichtes „Blattwerk" hat.
Natürlich könnt ihr das Rübenspiel auch ohne verkleidete Rübe spielen. Wenn ihr z. B. in den Ferien am Strand seid, könnt ihr die Rübe so weit im Sand verbuddeln, daß nur noch Kopf und Arme herausragen. Im Zimmer gibt es die Möglichkeit, einen großen Kleiderberg um die Rübe herumzubauen, um sie dann aus diesem Berg herauszuziehen.

Die Zahl der Mitspieler ist nicht festgelegt. Es können noch eine ganze Reihe dazukommen. Auch die Handlung braucht nicht streng nach dem Lied gespielt zu werden. Die Grundelemente der Handlung sind
die festverwurzelte Rübe –
die nach und nach dazukommenden Kinder –
das Herausreißen der Rübe und das Durcheinanderpurzeln der Kinder am Schluß.

Alle Kinder können auch am Schluß um die Rübe herumtanzen. Dafür ist es gut, wenn die Rübe in der Mitte des Kreises mittanzt und nicht wie ein toter Hase liegen bleibt.

Das Rüben-Schauspiel

Es wurde 1977 von den Schülern der Klasse 1a der von-Galen-Schule in Oeding bei Münster unter Mithilfe ihrer Lehrerin geschrieben und aufgeführt. Vielleicht habt ihr Lust, es selbst einmal zu spielen!

Paul geht zu seinem Rübenbeet im Garten und staunt: Er sieht die riesigen Blätter einer Rübe.

Paul: Wie dick und wie schwer diese Rübe wohl ist?

Paul krempelt die Ärmel hoch und zieht an den Blättern. Er strengt sich richtig an, aber er schafft es nicht. Er ruft nach seinem Freund.

Paul: Fritz. Frihietz!!!

Fritz kommt um die Ecke gerannt. Paul läuft ihm entgegen.

Paul: Kommst du mit in meinen. Garten. Da ist so eine dicke Rübe herauszuziehen.

Fritz: Warum schaffst du es denn nicht allein?

Paul: Das ist eine ganz, ganz dicke Rübe.

Paul zeigt mit den Armen, wie dick die Rübe wohl ist.

Paul: Hilfst du mir?

Fritz: Na klar, ich komme mit und helfe dir!

Paul und Fritz gehen jetzt gemeinsam in Pauls Garten und ziehen zu zweit an den Blättern.

Fritz: Mensch, ist die aber dick. Die schaffen wir nicht allein. Zu dritt geht es bestimmt. Ich hole den Klaus!

Fritz läuft los zum Nachbarhaus, in dem Klaus wohnt.

Fritz: Klaus, kommst du mal mit und hilfst uns?

Klaus macht ein fragendes Gesicht.

Klaus: Was soll ich euch helfen?

Fritz: Da ist in Pauls Garten eine dicke Rübe gewachsen. Wir wollen sie herausziehen. Hilfst du uns dabei?

Klaus: Na klar!

Fritz und Klaus laufen schnell in den Garten zurück. Paul wartet schon. Klaus staunt und klatscht in die Hände.

Klaus: O jeh, was 'ne Rübe. Na, dann alle Mann 'ran!

Paul packt die Rübe an den Blättern. Fritz zieht Paul, und Klaus zieht Fritz.

Paul: Wie schwer die ist.

Fritz: Und wie fest die sitzt.

Klaus: Ui, was 'ne Rübe. Die kriegen wir nicht heraus!

Alle machen traurige Gesichter. Klaus kratzt sich am Kopf. Er denkt nach. Plötzlich lacht er.

Klaus: Ich hole jetzt meine Schwester, die ist gerade zu Hause.

Klaus läuft los und kommt zu Hause an. Er schellt, und seine Schwester macht auf. Sie schaut ihn erstaunt an.

Schwester: Klaus, was willst du denn?

Klaus: Paul, Fritz und ich kriegen die Rübe in Pauls Garten nicht heraus.

Schwester: Was, das schafft ihr nicht? Wenn ich mitgehe, klappt es ganz bestimmt.

Die beiden rennen ganz schnell in den Garten. Sie ziehen in einer langen Reihe an der Rübe. Sie schaffen es nicht und stöhnen. Paul springt in die Luft.

Paul: Ich weiß was. Wir holen den Antonio. Der hat Kraft.

Klaus verzieht ärgerlich sein Gesicht.

Klaus: Der ist ein Gastarbeiterkind und ein Spaghettifresser. Er soll verschwinden.

Paul sieht Klaus böse an und schimpft.

Paul: Das darfst du nicht sagen. Du erinnerst dich wohl nicht, daß du neulich vom Spaghettiessen Bauchweh hattest.

Klaus macht ein beschämtes Gesicht. Paul lobt Antonio.

Paul: Antonio ist lieb, wir spielen gern mit ihm. Außerdem kann er uns gut helfen.

Claudia versteht und läuft schnell zu Antonio und fragt.

Claudia: Antonio, hilfst du uns beim Rausziehen einer großen Rübe? Du bist doch so stark.

Antonio versteht sie nicht. Er macht ein fragendes Gesicht.

Antonio: Was ist denn mit der Rübe, und wo ist sie? Was soll ich tun?

Claudia: Sie ist in Pauls Garten. Kommst du jetzt mit und hilfst uns?

Antonio: Moment mal!

Antonio will auch seinem Freund Carlo Bescheid sagen und rennt los.

Antonio: Du, Carlo, kommst du mit in Pauls Garten? Da ist 'ne dicke Rübe. Sie schaffen es nicht, sie 'rauszuziehen.

Carlo springt sofort auf und macht ein fröhliches Gesicht.

Carlo: Na klar. Wir helfen!

Alle laufen in Pauls Garten zurück und besprechen, wie sie die Rübe 'rausbekommen.

Paul: Am besten, wir ziehen in einer langen Reihe.

Die Kinder stellen sich hintereinander und ziehen ganz toll! Da bewegt sich die Rübe, und alle rufen: JETZT KOMMT SIE HERAUS. NOCH EINMAL KRÄFTIG ZIEHEN. DANN HABEN WIR SIE. HURRA, WIR HABEN ES GESCHAFFT! Die Kinder fallen mit einem Ruck hin, und die Rübe liegt oben auf der Erde.

Das Radieschen

2. Seine Blätter recken sich,
seine Blätter strecken sich,
seine Blätter recken sich.
Ach, was für'n Radieschen!

3. Silke kommt und guckt und staunt,
Silke kommt und guckt und staunt.
Silke kommt und guckt und staunt:
Ach, was für'n Radieschen!
Refrain:
Hauruck, hauruck,
das Radieschen rückt kein Stück.
Hauruck, hauruck,
das Radieschen rückt kein Stück.

4. Silke geht zu Monika,
die zum Glück zu Hause war.
Monika steht staunend da:
Guten Tag, was gibt's denn?

Die beiden reden miteinander. Dann geht Monika mit und hilft.

Refrain: wie oben

5. Du jetzt brauchen wir den Knut,
wo der Kerl nur stecken tut.
Sein Versteck, das kenn ich gut.
Komm wir gehn ihn suchen!

Knut hat sich versteckt, und die beiden Mädchen müssen ihn erst finden ...
Dann gehen sie zusammen zum Radieschen.

Refrain: wie oben

6. Mustafa, den brauchen wir.
Was soll denn so'n Türke hier?
Doch, das ist ein Freund von mir.
Komm wir gehn ihn suchen!

Sie suchen Mustafa und erzählen ihm von dem Radieschen. Mustafa geht mit und hilft beim Ziehen.

Refrain:
Hauruck, hauruck,
das Radieschen rückt ein Stück.
Hauruck mit Mann und Maus,
das Radieschen kommt schon raus.

7. Und dann tanzen alle um
das riesige Radieschen rum.
Und dann tanzen alle um
das riesige Radieschen,
Refrain:
Hauruck mit Mann und Maus,
das Radieschen, das ist raus.
Hauruck mit Mann und Maus,
das Radieschen, das ist raus.

Die einzelnen Zwischenszenen kann man zu kleinen Spielhandlungen erweitern: z. B. Monika will zunächst nicht. Silke muß sie erst überzeugen. – Knut glaubt nicht, daß es ein so großes Radieschen gibt. Er meint, die Mädchen wollten ihn an der Nase herumführen. – Mustafa versteht nicht, was die Mädchen wollen. Sie müssen es ihm durch Zeichensprache klarmachen.
Dieses Lied ist in der Melodie und im Text einfacher als die „Rübe". Es enthält aber fast dieselbe Handlung. Das „Radieschen" entstand, als ich zusammen mit Schülern der Bettina-Brentano-Schule in Lollar die „Rübe" spielen wollte. Die Schüler konnten sich nur schwer auf den langen Text konzentrieren und hatten auch beim Mitsingen Schwierigkeiten. Deshalb entstand diese einfachere Fassung.

Die Katze Musulunga

2. Die Katze Musulunga möcht in die Sonne gehn.
   Aber sie kann nicht, sie muß noch Hosen nähn.

3. Die Katze Musulunga, die möcht gern Sahne naschen,
   aber sie kann nicht, sie muß noch Socken waschen.

4. Die Katze Musulunga möcht singen und laut lachen.
   Aber sie kann nicht, sie muß Pfannekuchen backen.

5. Die Katze Musulunga möcht übern Eckstein springen.
   Aber sie kann nicht, sie muß Schuh zum Schuster bringen.

6. Die arme Musulunga, die möchte gerne ruhn.
   Aber sie kann nicht, sie hat soviel zu tun.

7. Der Kater Musulungo kommt endlich auch nach Haus,
   der Kater Musulungo, der hilft ihr endlich aus.

8. Und dann können beide zusammen singen
   und dann können beide übern Eckstein springen,
   und dann können beide zusammen lachen,
   und dann können beide Späßchen machen,
   und dann können beide noch soviel tun –
   und dann können beide zusammen ruhn . . . . .

Dieses Lied wurde nach der Vorlage eines Kinderliedes aus Kuba geschrieben. So wie man bei uns die Katzen oft Muschi oder Mieze nennt, heißen sie in Kuba Musso, Mussa oder Mussu. Wenn die Leute in Kuba eine Katze streicheln, sagen sie manchmal dabei zärtlich „Musulunga“. Daraus ist also für die Katze in unserem Lied ein Name geworden.

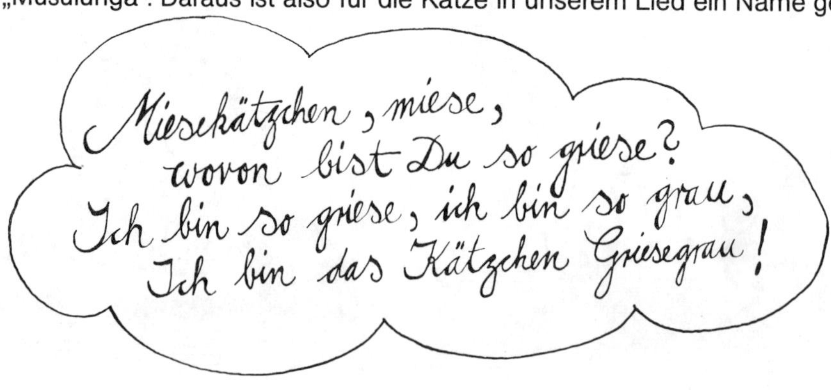

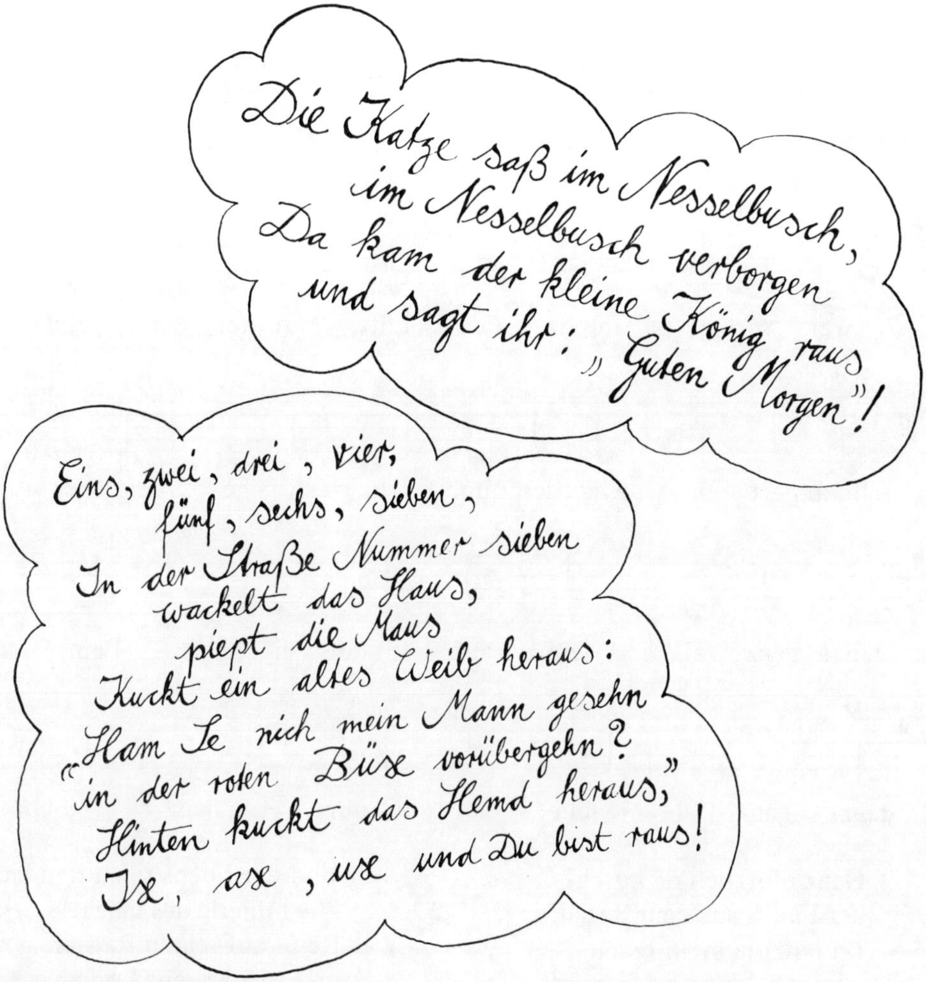

Das Musulunga-Spiel

Alle Sänger bilden einen Kreis um denjenigen, der die Katze Musulunga darstellt. In den Strophen, die von der Arbeit der Katze erzählen, können einzelne Mitspieler aus dem Kreis die Haushaltsgegenstände darstellen, z. B. den Topf, indem sie die Arme kreisförmig vor dem Bauch schließen. Man kann aber auch richtige Gegenstände verwenden (Hosen, Schuhe usw.). Wichtig ist, daß jeder Mitspieler nur einen Gegenstand darstellt bzw. der Katze überläßt. Die Katze wechselt dann bei jeder Strophe einen Mitspieler. Nach der Liedzeile, „Der Kater Musulungo kommt endlich auch nach Haus“, öffnet sich der Kreis. Die Sänger bilden nun ein Spalier, durch das die beiden Katzendarsteller in einer Art Polkaschritt tanzen und an dessen Ende sie sich jeweils drehen.
Am Schluß bilden die beiden Sängerreihen ganz schnell einen Kreis und gehen ’runter auf die Knie. Die beiden Katzen liegen im Kreis und schlafen.

Lütt Matten der Has'

2. Ganz plötzlich da huscht
der Fuchs aus dem Busch:
Da tanzt ja mein Essen,
jetzt gibt's was zu fressen!
Denn der Has' tanzt allein
auf nur einem Bein.

3. Und dann knickst er galant,
gibt dem Hasen die Hand:
Komm, ich bin deine Dame,
nimm mich in deine Arme.
Laß uns tanzen zu zwein
auf nur einem Bein

4. Lütt Matten der Has'
denkt: Aus ist der Spaß!
Doch er reicht seine Pfoten
und der Fuchs pfeift die Noten.
Und sie tanzen zu zwein
auf nur einem Bein.

5. Und der Fuchs tanzt und lacht:
Wie hungrig das macht!
Reißt auf seinen Rachen
und weg ist sein Lachen . . . .
Da beißt Matten der Has'
ihm ganz fest in die Nas'.

6. Lütt Matten der Has'
rennt weg durch das Gras
durch Büsche und Wälder
über Wiesen und Felder.
Erst ganz tief im Wald,
ja da macht er halt.

7. Es ist still um ihn rum
Nur das Mückengesumm.
Der Wald rauscht ganz leise.
Lütt Matten der freut sich
und tanzt ganz allein
auf nur einem Bein.

Das Lütt-Matten-Spiel

Das Spiel von Matten, dem Hasen, richtet sich nicht streng nach dem Text des Liedes. – Neben den beiden Hauptdarstellern, dem Hasen und dem Fuchs, gibt es eine Menge weiterer Mitspieler, die Bäume, Sträucher und Büsche darstellen. – Die Sänger sollten nicht als Darsteller an dem Spiel beteiligt sein.

1. Teil: Der Hindernislauf

In der ersten Strophe springt der Hase durchs Gras und durch die Büsche. Die Buschspieler kauern z. B. auf dem Boden und machen einen Buckel, über die der Hase einen Bocksprung macht. Man kann hier eine richtige Hindernisstrecke aufbauen, die der Hase, zickzacklaufend, bockspringend und sich duckend, bewältigen muß. (Ein Spieler, der eine Brücke macht, ist ein hohler Baum, durch den der Hase flitzt.)

2. Teil: Der Tanz

Der Fuchs hat hinter einem Spieler (Busch) gelauert. Als er auf den Hasen trifft, machen die Buschspieler einen Kreis um die beiden. Fuchs und Hase tanzen wie im Lied beschrieben.

3. Teil: Die Flucht

Durch den Nasenbiß rettet sich Lütt Matten und flieht. Dabei helfen ihm alle Büsche und Bäume, indem sie sich dem Fuchs in den Weg stellen. Die knorrigen Äste der Bäume (Hände) halten ihn fest, die Büsche versperren ihm den Weg. Er kommt nicht mehr aus dem Kreis heraus, oder er schafft es doch. Dann hat der Fuchs gewonnen.

Das kleine bunte Trampeltier

2. Doch plötzlich tut sich draußen was,
verflixt nochmal, was ist denn das?
Doch plötzlich tut sich draußen was,
verflixt, was ist denn das?
Refrain:
Nanu, was ist das für ein Tier?
Ach, ein kleines Trampeltier.
Das trampelt da, das trampelt hier,
das kleine Trampeltier.

3. Es schnüffelt überall herum,
es schnüffelt rum im Publikum,
es schnüffelt rechts, es schnüffelt links
ich glaub, es denkt, hier stinkts.

4. Jetzt bellt und grunzt das Trampeltier
und tanzt herum auf allen viern,
und tanzt und freut sich richtig hier,
das kleine bunte Trampeltier.
Refrain

5. Wir schleichen uns ganz leise ran,
was so ein Trampeltier doch kann.
Zuerst ham wir nur mitgelacht
dann ham wir mitgemacht.

6. Wir summen mit dem Trampeltier . . . . . .
Wir zischen mit dem Trampeltier . . . .
Wir trompeten mit dem Trampeltier . . . . . .
Refrain

7. Doch da kommt schon ein Polizist,
weil hier so viel Getöse ist.
Das Tier steht grad im Parkverbot,
der Polizist sieht rot.

8. Es soll gleich eine Strafe zahln,
das Trampeltier, das denkt nicht dran.
Der Polizist sagt: Unerhört!
Jetzt wirst du eingesperrt.
Refrain

9. Da schleichen wir heran ganz leis
und machen den Gespensterkreis
und heulen rund ums Trampeltier
als wären zehn Gespenster hier.

10. Der Polizist bleibt da, auwei,
wir machen den Gespensterschrei,
da kriegt er einen Riesenschreck
und läuft ganz hastig weg.
Refrain

11. Wir freun uns so und tanzen drum
ums bunte Trampeltier herum,
so allemann im Hopsetritt,
das Trampeltier tanzt mit.

12. Das kleine bunte Trampeltier
blieb leider nur ein Weilchen hier.
Wie es dann in die Ferne fliegt,
hört es noch unser Lied.
Refrain:
Nanu, was war das für ein Tier?
Ach, ein kleines Trampeltier.
blieb leider nur ein Weilchen hier,
das kleine Trampeltier.

Wenn der Polizist auf das Trampeltier trifft, kann die Handlung auch erweitert werden. Die nachfolgende Szene wurde ursprünglich für die Kinder geschrieben, die das „Trampeltier“ auf dem Altennachmittag in Salzböden aufgeführt haben. Aber vielleicht könnt ihr auch etwas damit anfangen:

Polizist: Ruhe! Ruhe!!! Was ist denn hier für ein Spektakel? Nanu?
Stutzt, als er das Trampeltier sieht.
Nanu, wer hat denn dieses Wesen hier stehen gelassen?
Zum Trampeltier: Sehen Sie denn nicht, daß Sie im Parkverbot stehen?

Das Trampeltier schüttelt den Kopf.

Polizist: Also, bitteschön, wer sind Sie?

Das Trampeltier trampelt mit allen Füßen.

Polizist: Hören Sie gefälligst auf zu trampeln, wenn ich Sie was frage! Und zeigen Sie mir jetzt Ihren Ausweis!

Das Trampeltier schüttelt den Kopf.

Dann zeigen Sie mir Ihren Gewerbeschein.

Das Trampeltier schüttelt den Kopf.

Aber dann wenigstens die Hundemarke.

Das Trampeltier schüttelt wieder den Kopf.

Sie können sich also nicht ausweisen. Zum letzten Mal, sagen Sie mir endlich, wer Sie sind.

Das Trampeltier trampelt langsam und schwer.

Aha, ein verkleideter Elefant!

Das Trampeltier schüttelt den Kopf.

Sind Sie ein Nilpferd im Faschingskostüm?

Das Trampeltier schüttelt den Kopf.

Also, zum allerletzten Mal, wer sind Sie?

Das Trampeltier trampelt wild durcheinander.

Hören Sie doch endlich auf zu trampeln, Sie Trampeltier!!!

Das Trampeltier nickt heftig.

Ahaaaaa! Sie sind also ein Trampeltier. – Trampeltiere dürfen am öffentlichen Straßenverkehr nicht teilnehmen, also marsch, auf die Wache!

Das Trampeltier

Das Trampeltier sollte von vielen Kindern gemeinsam dargestellt werden, denn erst, wenn es wirklich viele Beine und Füße hat, ist es ein echtes Trampeltier. Ein Trampeltier könnt ihr auch ohne Kostüm spielen. Ihr braucht dazu einfach eine Schnur oder ein Seil. Einige Kinder, die das Trampeltier spielen, stellen sich ganz eng zusammen, und zwar so, daß alle nach außen schauen. Jetzt bindet ein anderes Kind eine Schnur in Bauchhöhe um alle herum. Nun sind alle zusammengebunden. Wenn einer in eine Richtung gehen will, dann müssen notgedrungen alle anderen mit. Zusammen sind sie ein Trampeltier, das ganz viele Arme, Beine und Köpfe hat.

Das Kartontrampeltier: Wenn ihr euch für das Spiel aber lieber ein perfektes Kostüm bauen wollt, dann könnt ihr das z. B. leicht mit einem Pappkarton machen. Der Pappkarton sollte so tief sein, daß nur noch eure Beine herausschauen, wenn ihr ihn umgekehrt über den Kopf zieht. In die Seitenwände macht ihr euch nach vorne und vielleicht auch in die Seiten kleine Gucklöcher, damit ihr etwas sehen könnt. Ihr könnt den Pappkarton von außen mit einem Gesicht (mit großen Augen, Mund und Nase) bemalen. Ihr könnt ihm mit Stoffresten Ohren ankleben, vorne ein altes Geweih anbringen, hinten einen Schwanz anknoten usw.
Wenn der Karton nicht so tief ist, daß eure Oberkörper ganz darin verschwinden, dann könnt ihr auch oben in den Deckel Öffnungen für die Köpfe schneiden und an den Seiten Öffnungen für die Arme. Um ein perfektes Trampeltier abzugeben, solltet ihr euch schwere Schuhe anziehen, Gummistiefel oder Skischuhe.

Das Stofftrampeltier: Statt eines Kartons könnt ihr auch ein großes Tuch, eine alte Tischdecke oder ein altes Laken nehmen. In die Mitte schneidet ihr Öffnungen für die Köpfe, vorne und hinten wird das Tuch zugebunden. Für die herausragenden Köpfe könnt ihr euch verschiedene Verkleidungen ausdenken: alte Schlapphüte mit Federn, eine Badekappe mit Taucherbrille, einen Motorradhelm usw. Den Stoff könnt ihr vorher bemalen, färben oder mit vielen bunten Stoffstücken bekleben.

Das Trampeltierspiel

Zum Trampeltierspiel gehören:
Die Sänger, die das Lied singen.
Die Kindergruppe, die mit dem Tier spielt.
Der Polizist.
Das Trampeltier.

Die singenden Kinder bilden einen Kreis, in dem sich ein paar der Kinder gähnend räkeln. Andere schnarchen. Das Trampeltier betritt den Kreis und beginnt das Spiel mit den Kindern: Es schnüffelt, bellt und grunzt. Die Kinder innerhalb des Kreises schleichen sich heran, beobachten das Tier und summen, zischen, pfeifen und trompeten mit ihm. Der Kreis öffnet sich zu einem „U", als der Polizist mit einer Trillerpfeife auftaucht. Die Kinder, die mit dem Tier gesungen haben, ziehen sich zurück. Danach schleichen sie sich an und erschrecken den Polizisten durch Gespenstergeschrei. – Während des Freudentanzes dreht sich der Kreis um die Kinder und das Trampeltier herum. – In den letzten beiden Strophen verläßt das Trampeltier den Kreis. Alle Kinder, die Sänger und die Spieler, rücken zusammen, winken dem Tier nach und singen die letzte Strophe gemeinsam.

Es war mal eine müde Fliege . . .

Erzähllieder

Das Lied von der müden Fliege

2. Da träumte die Fliege, sie wäre so
ein klitzekleiner Wasserfloh
und hüpfte unter der Entengrütze
im Teich herum ohne Hemd und Mütze
und wurde dabei so pudelnaß,
daß sie sogleich den Traum vergaß.

3. Da lag die Fliege und war naß,
war von zwei Regentropfen naß.
Sie putzte und sie reckte sich,
verdreht den Kopf und streckte sich
und surrte, was kann schöner sein?
dem Schmierkäs' zu im Sonnenschein.

Ein Elephant aus Sachsenhausen
lässt 'nen Forz durchs
Telephon sausen;
meldet sich die U.S.A.
Nanu, nanu
was stinkt denn da?

Ich und Öttchen
sitzen aufm Pöttchen
Pup macht Öttchen
weg mit Pöttchen!

DER KLEINE
HEINZ BECKER

Das kurze Lied vom kleinen Heinz Becker

2. Er nahm eine Beere,
warf sie in die Quere
und dachte sich gar nichts dabei.
Auwei, auwei, auwei.

3. Da fing Vater Becker
sofort an zu meckern:
Iß ja deinen Heidelbeerbrei.
Auwei, auwei, auwei.

4. Der Sauberkeit wegen,
da droht er mit Schlägen
und dachte sich gar nichts dabei.
Auwei, auwei, auwei.

Die Zwerge

2. Der eine will ihn haben,
der andre läßt nicht los.
Er ruft: Verflixt und zugenäht,
da platzt ihm schon die Hos.

3. Sie kloppten sich noch lange,
dann spürten sie es auch.
Sie hatten Riesenhunger
in ihrem Zwergenbauch.

4. Sie setzten sich und schmatzten
und rülpsten kräftig los
und hatten einen Riesenspaß
an dem Kartoffelkloß.

5. Dann sind die drei verschwunden,
doch hört man dann und wann
ein Schmatzen und ein Kichern,
wo sie gesessen ham.

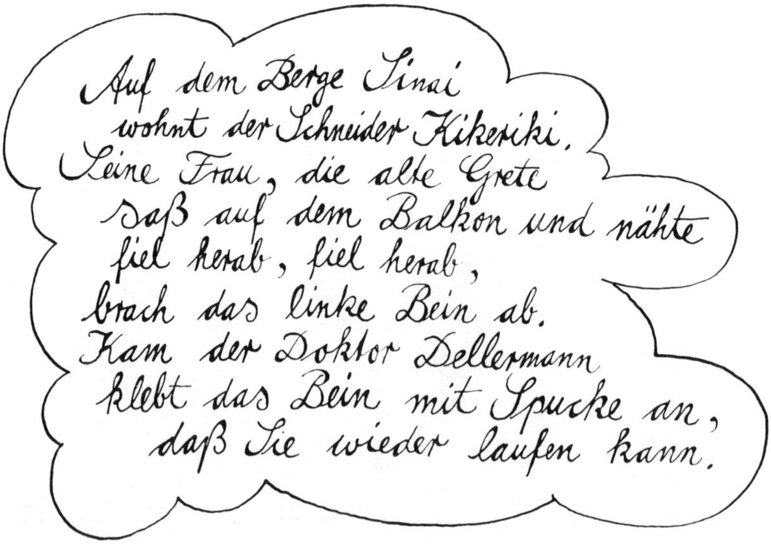

Auf dem Berge Sinai
wohnt der Schneider Kikeriki
Seine Frau die alte Lerche,
geht des Sonntags in die Kerche
hockt sich auf die letzte Bank
läßt'n Forz drei Meter lang.

Die zwei Flöhe

2. Wir hüpfen um die Wette:
von Herrn Schlamms Sonntagshut
auf dem Dutt von Tante Nette.
Allez hopp, was sind wir gut.
Rutschen wir dann froh und munter
ihren langen Rücken runter.
Kitzeln die Tante in den Achseln
bis sie lacht, daß es kracht.

3. Wir ziehen auf Safari
fort in ein fernes Land.
Der dicke Dackel Waldi
ist der Reitelefant.
Und werden wir abends müde
machen wir den letzten Hopser
in einen alten warmen Fuchspelz.
Gute Nacht – schlaf sacht.
Hans Pantsching und Franz Pantschong.
Ping Pang Pung, Pang Ping Pong.

*Marianne hat'n Floh
am Popo,
weiß nicht wo,
krabbelt so,
knipps, knapps,
ich hab's.
War ne Laus –
und Du bist raus!*

Dunkel war's, der Mond schien helle

2. Drinnen saßen stehend Leute
schweigend ins Gespräch vertieft,
als ein totgeschossner Hase
auf der Wiese Schlittschuh lief

3. Und auf einer roten Bank,
die blau angestrichen war,
Saß ein blondgelockter Jüngling
mit kohlrabenschwarzem Haar.

4. Neben ihm 'ne alte Schachtel,
   zählte kaum erst sechzehn Jahr.
   Und sie aß ein Butterbrot,
   das mit Schmalz bestrichen war.

5. Droben auf dem Apfelbaume,
   der sehr süße Birnen trug,
   hing des Frühlings letzte Pflaume
   und an Nüssen noch genug.

Jodelwurm und Trillerfloh

2. Schon hüpften sie zum Tor hinaus
und trafen auf die Monstermaus.
Die sagte: Geht doch nicht allein!
Ich hol nur schnell das Miezeschwein.

3. Und als sie alle zusammen waren,
da sind sie im Kochtopf losgefahren.
Auf dem Rathausplatz hat das Schwein gequiekt:
Endstation, Leute, wir machen Musik!

4. Sie sangen so schrill wie dreihundert Tanten
und so laut wie die Bremer Stadtmusikanten.
Da nahte ein riesiges Wörterbuch
und schrie: Halt, aufhörn, jetzt ist es genug.

5. Euch gibt es nicht. Also haltet die Klappen!
Und wollt sie mit scharfen Buchdeckeln schnappen.
Der Trillerfloh ist herbeigesprungen.
Eine Tonleiter hat er ganz schnell gesungen.

6. Auf der sind – sie hat nur ein bißchen gewackelt,
alle Tiere auf eine Wolke gekrabbelt.
Und da sitzen sie heut noch. Ich weiß es genau.
Die Wolke ist klein, aber ganz schneeweiß
und der Himmel dahinter ganz riesig und blau.

Die Tante

2. Ich kannte ne Tante, die verschluckte ne Spinne,
wie schrecklich, doch sie verschluckte die Spinne.
Sie sagte: Die Spinne, die fängt den Floh.
Denn der kitzelt mich so, denn der kitzelt mich so,
der kleine Floh.

3. Ich kannte ne Tante, die verschluckte nen Spatz.
Es war eine Hatz, doch sie schluckte den Spatz.
Sie sagte: Der Spatz, der fängt die Spinne.
Sie sagte: Die Spinne, die fängt den Floh,
Denn der kitzelt mich so, denn der kitzelt mich so,
der kleine Floh.

4. Ich kannte ne Tante, die verschluckte ne Katze
vom Kopf bis zur Tatze verschwand da die Katze.
Sie sagte: Die Katze, die fängt den Spatz.
Sie sagte: Der Spatz, der fängt die Spinne.
Sie sagte: Die Spinne, die fängt den Floh.
Denn der kitzelt mich so, denn der kitzelt mich so,
der kleine Floh.

5. Ich kannte ne Tante, die verschluckte nen Hund,
Sie öffnet den Mund und weg war der Hund.
Sie sagte: Der Hund, der fängt die Katze.
Sie sagte: Die Katze, die fängt den Spatz
Sie sagte: Der Spatz, der fängt die Spinne.
Sie sagte: Die Spinne, die fängt den Floh.
Denn der kitzelt mich so, denn der kitzelt mich so,
der kleine Floh.

6. Ich kannte ne Tante, die verschluckte ne Kuh,
ihr glaubt das ist Schmuh, doch sie schluckte die Kuh.
Sie sagte: Die Kuh, die fängt den Hund.
Sie sagte: Der Hund, der fängt die Katze.
Sie sagte: Die Katze, die fängt den Spatz.
Sie sagte: Der Spatz, der fängt die Spinne,
Sie sagte: Die Spinne, die fängt den Floh.
Denn der kitzelt mich so, denn der kitzelt mich so,
der kleine Floh.

7. Doch dann hatte die Tante im Bauch so'n Druck
und sie hat alle Tiere wieder ausgespuckt.
Und da stand die Kuh und sagte: Muh!
und Katze und Hund, die warn gesund,
und Spatz und Spinne, die warn wieder froh,
Nur einer fehlte: Der kleine Floh.

Zwei Mädchen (Nataly und Stella) haben sich für das Lied von der Tante ein anderes Ende ausgedacht, und das geht so:

Ich kannte ne Tante, die kam vom Klo,
die kam vom Klo und verschluckt noch nen Floh.
Doch ich weiß jetzt wieso.
Sie sagte der Floh, der zwickt die Kuh,
und dann fängt die Kuh nicht mehr den Hund,
und dann fängt der Hund nicht mehr die Katze,
und dann fängt die Katze nicht mehr den Spatz,
und dann fängt der Spatz nicht mehr die Spinne.
Ja, da freut sich der Floh,
ja da freut sich der Floh,
und ihr wißt jetzt wieso.

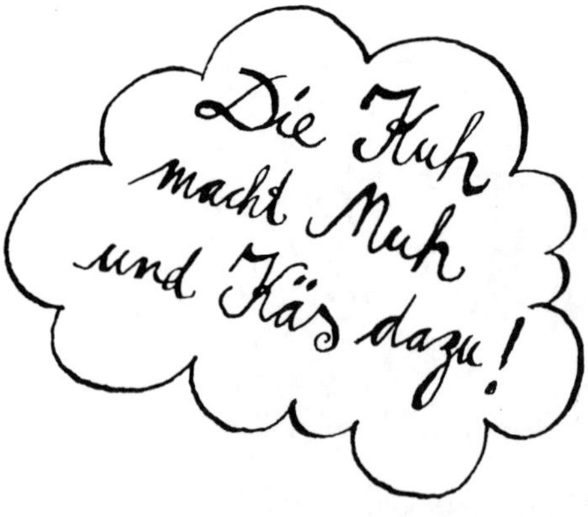

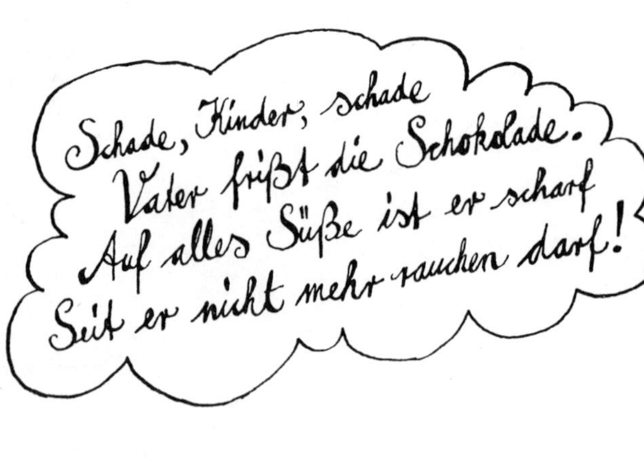

Lied vom Baumwollkäfer

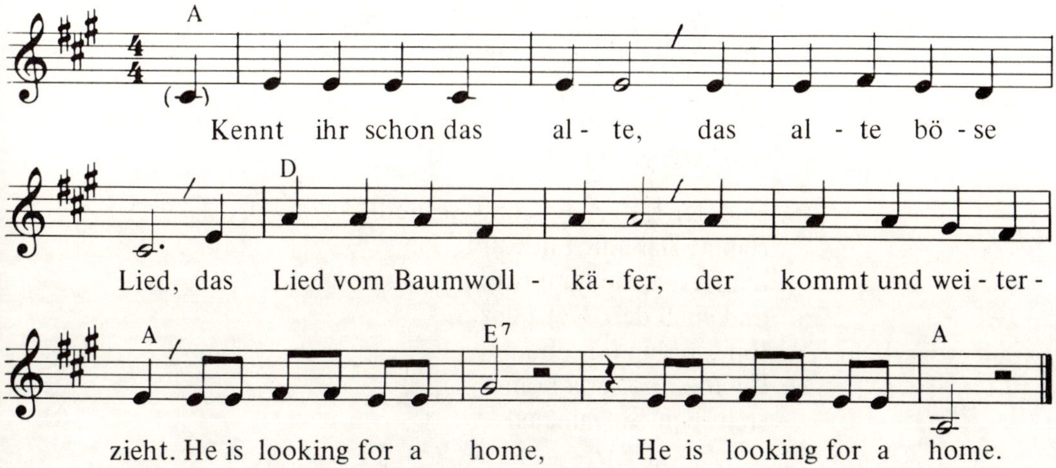

2. Der kleine schwarze Käfer
kam von Mexiko herauf.
den weiten Weg nach Texas,
der Käfer gab nicht auf.
He is looking for a home,
he is looking for a home.
(Und der sucht sein Heim)

3. Das erste Mal, als ich den Käfer sah,
saß er auf dem Dorfplatz drauf.
Das zweite Mal, verdammt noch mal,
seine ganze Familie auch.
They were looking for a home,
they were looking for a home.
(Suchten ein Zuhaus)

4. Und der Farmer fing den Käfer
und sperrt ihn in den Eisschrank ein.
Doch der Käfer rief im Eisschrank:
Hier ist es kühl und fein.
It's just like home,
it's just like home.
(Fast wie zu Haus)

5. Und der Farmer nahm den Käfer
und vergrub ihn im heißen Sand.
Und der Käfer rief: Hier ist es ziemlich heiß,
doch ich halt' aus wie ein Mann.
It's just like home,
it's just like home.
(Fast wie zu Haus)

6. Und der Käfer sagt zum Farmer:
Hau ab, laß mich in Ruh!
Ich freß deine Baumwolle weg wie nix
und auch dein Korn dazu.
I'm looking for a home,
I'm looking for a home.
(Ich such ein Zuhaus)

7. Und der Farmer kam zu seiner Frau
und war ganz rot vor Wut:
Der Käfer fraß ein Riesenloch
in meinen besten Sonntagshut.
He is looking for a home,
he is looking for a home.
(Der sucht ein Zuhaus)

8. Und dann kam noch der Händler
und der Farmer, der saß da,
ein einziger Baumwollballen
war die Ernte dieses Jahr.
Und der war klein und schmal
und der war klein und schmal.

9. Ja, der Käfer fraß das meiste
und der Händler nahm den Rest.
Und der Farmersfrau blieb nur ein Baumwollkleid,
das sich nicht mehr flicken läßt,
mit vielen Löchern drin,
mit vielen Löchern drin.

10. Und fragt euch irgendjemand:
Wer hat dies Lied gemacht?
Dann sagt ein armer Farmer,
der keine Farm mehr hat.
He is looking for a home,
he is looking for a home.
(Und der sucht ein Heim)

In den USA gibt es Gegenden, in denen fast ausschließlich Baumwolle angepflanzt wird. Taucht hier im Frühling ein Baumwollkäferpärchen auf, so kann es bereits am Sommerende 12 Millionen Nachkommen haben. Und die fressen dann so lange, bis nichts mehr von der Baumwolle übrigbleibt. Das „Lied vom Baumwollkäfer" haben zuerst die schwarzen Plantagenarbeiter im Süden der USA gesungen. Sicherlich haben auch sie unter der Baumwollkäferplage gelitten. Aber es könnte sein, daß sie für den Käfer im Lied auch etwas übrig hatten. Der wird ja – genau wie sie – verfolgt, muß alles mögliche durchstehen und ist immer auf der Suche nach einer Heimat. In einer anderen Fassung des Liedes heißt es:

Und wenn irgendjemand euch fragt:
Wer hat dies Lied gemacht?
Dann sagt ihm: Es war ein alter Neger
mit Leinenhosen an.
Der hat kein Zuhaus,
der hat kein Zuhaus.

Ein Fisch mit Namen Fasch

1. Es war einmal ein Fisch mit Namen Fasch,
der hatte einen weißen Asch.
Er hatte keine Hände zum Arbeiten nicht
und er hatte keine Augen zum Sehen im Gesicht.
In seinem Kopf war gar nichts drin
und er hatte auch für nichts einen Sinn,
er kannte nicht das Einmaleins
und von allen Ländern kannte er keins.
Er war nur der Fisch Fasch
und hatte eben seinen weißen Asch.

2. Und wenn die Leute ein Haus bauten
und wenn die Leute Holz hauten
und wenn die Leute einen dicken Berg durchlochten
und wenn die Leute Suppe kochten,
dann sah der Fisch Fasch ihnen stumpfsinnig zu.
Und wenn sie ihn fragten: Und was machst du?
Dann sagte er: Ich bin doch der Fisch Fasch
und dies hier ist mein weißer Asch.

3. Gingen sie aber am Abend in die Häuser hinein,
dann ging der Fisch Fasch hinter ihnen drein,
Und wenn sie sich setzten zum Ofen, nanu,
dann setzte sich der Fisch Fasch auch dazu.
Und wenn die Suppe kam auf den Tisch,
dann saß da gleich mit einem großen Löffel ein Fisch
und rief ganz laut: Jetzt esset rasch.
Dann zeige ich euch meinen weißen Asch.

4. Da lachten die Leute und ließen ihn mitessen
und hätten wohl auch seine Faulheit vergessen,
wenn nicht eine Hungersnot gekommen wäre
und zwar keine leichte, sondern eine schwere.
Und jetzt mußte jeder etwas bringen für die Hungersnot.
Der eine brachte ein Stück Käse, der andere eine Wurst,
der dritte ein Brot.
Nur der Fisch Fasch brachte nichts als den Löffel mit.
Das sahen einige Leute, sie waren grad zu dritt.

5. Und da fragten sie mal den Fisch Fasch: Na, und du,
was gibst uns jetzt eigentlich du dazu?
Und da sagte der Fisch Fasch:
Ja, wenn ich vielleicht meinen weißen Asch . . .
Aber da wurden die Leute zum erstenmal sehr bitter zu dem Fisch Fasch
und redeten mit ihm plötzlich ganz basch
und warfen ihn mal rasch
durch die Eichentür und verhauten ihm draußen
seinen weißen Asch.

Es war einmal ein Fuchs, der hatte in seinem ganzen Leben noch keine Gans gestohlen. Er hatte immer nur Mäuse gefressen und hinterher am Bach Gänsewein getrunken. – Und es war einmal ein Bauer, der hatte schon mancher Gans und mancher Ente den Kopf umgedreht. Seine Kinder aber sangen so laut sie konnten: FUCHS, DU HAST DIE GANS GESTOHLEN, GIB SIE WIEDER HER! Das ärgerte den Fuchs sehr, denn er war ein lieber Fuchs. Er war Mäusejäger und kein Dieb und hatte wie alle andern Tiere manchmal großen Hunger.

Der Fuchs

2. Dem Fuchs, dem knurrt der Magen sehr,
den kleinen Füchsen noch viel mehr,
wenn's doch nur was zu fressen gäb
im Tannenwald im Taunus.

3. Der Fuchs läuft los, springt übern Bach,
Der Frosch wacht auf: „Was'n das für'n Krach?"
Der Fuchs läuft durch die dunkle Nacht
zum Hof vom Bauern Lempel.

4. Da scharrt der Fuchs sich schnell ein Loch,
wo er zum Entenstall reinkroch,
die dickste Ente schnappt er sich
im Stall vom Bauern Lempel.

5. Er trug die dicke Ente weg,
was stört den Fuchs ihr „quak, quak, quak";
der Fuchs will auch mal Entenspeck
im Tannenwald im Taunus.

6. Da springt der Bauer aus dem Bett:
„Die dickste Ente, die ist weg!
Der Fuchs war hier, kreuzsakrament!
Das gottverdammte Luder!"

7. Im Fuchsbau war die Freude groß,
der Fuchs, der schmatzte auch gleich los,
die kleinen Füchse schmatzten mit
und knackten Entenknochen.

8. Dann warn die Füchse pudelsatt!
und schnarchten bis zum nächsten Tag
drei Meter tief im Tannenwald
bei Idgenstein im Taunus

Dieses Lied wurde nach dem Kinderlied „The Fox" geschrieben, das in den USA sehr bekannt ist. In Deutschland haben die Kinder dem Fuchs früher solche Verse nachgerufen:

Ruru, Rineken,
der Fuchs, der beißt das Hüneken,
Da gab er mir den Magen.
Ich sollt es keinem sagen.
Da sagt ich's
da schlug er mich.
Da weint ich,
da schmiert er mit ne Butterstulle.
Da schwieg ich.

Fuchs, beiß mich nicht,
Fuchs, beiß mich nicht,
du hast ein haarigs Maul.
Du hättst ein' guten Schuster geben,
du hast die Borst im Maul.

Der Fuchs sitzt auf dem Baume
und pflückt sich gelbe Pflaumen.
Ich sag, er soll mir eine geben.
Er sagt, er will mir Steine geben.
Da nahm ich meinen Weidenstock
und schlug ihm auf den kahlen Kopp.

Im Kindergarten und in der Schule mußten die Kinder ein anderes Lied vom Fuchs lernen. Hier ist der Fuchs ein böser Dieb, dem eine schlimme Strafe angedroht wird:

1. Fuchs du hast die Gans gestohlen, gib sie wieder her,
   gib sie wieder her,
   sonst wird dich der Jäger holen
   mit dem Schießgewehr.

2. Seine große lange Flinte schießt auf dich das Schrot,
   schießt auf dich das Schrot,
   daß dich färbt die rote Tinte, und dann bist du tot,
   daß dich färbt die rote Tinte, und dann bist du tot.

3. Liebes Füchslein, laß dir raten, sei doch nur kein Dieb,
   sei doch nur kein Dieb!
   Nimm, du brauchst nicht Gänsebraten, mit der Maus vorlieb,
   nimm, du brauchst nicht Gänsebraten, mit der Maus vorlieb.

Hase und Igel

2. Einmal traf der Augustin
den Igel auf dem Feld,
der trippelt grad nach Haus.
Der Hase lacht den Igel aus,
was der für krumme Beine hätt
und daß er nur im Dreck rumwühlt.
Der Igel ruft zurück:
Augustin, ich wett,
Augustin, ich wett,
mit meinen krummen Beinen
lauf ich deinesgleichen weg.

3. Augustin der lachte:
Gut, die Wette gilt.
Der Igel lief nach Haus
und holte seine Igelfrau,
versteckte sie am Ackerrand,
denn die sah ganz genauso
wie ihr Igelgatte aus.
Durch die Furchen gings,
durch die Furchen gings.
Augustin der flitzte los,
guckt nicht rechts noch links.

4. Der Igel blieb zurück,
er lief drei Schritte nur,
dann duckte er sich schnell.
Der Hase lief zum andern End,
doch da saß schon die Igelfrau
und sagte unserm Augustin:
Grüß Gott, ich bin schon hier,
Dreimal Sapperment,
dreimal Sapperment,
schimpfte da der Augustin,
das Naturtalent.

5. Augustin, der hetzte
den Acker auf und ab,
dann konnte er nicht mehr.
Er japste wie ein Hühnerhund
und fiel dann aus der Furche raus
Die Igel trippelten nach Haus
und riefen freudig aus:
Ui, was sind wir schnell,
ui,was sind wir schnell,
schneller als der Omnibus
nach Mariazell.

6. Die Igel waren schlau,
sie hielten fest zusammen
und sprachen sich gut ab.
So kriegten sie den Hasen dran,
der sonst so blitzschnell laufen kann.
Was ham die Igel laut gelacht:
Das ham wir gut gemacht.
Ui,was sind wir schnell,
ui,was sind wir schnell,
schneller als der Omnibus
nach Mariazell.

Schon früher, wenn die Leute das Märchen vom Hasen und vom Igel erzählten, dachten sie nicht nur an den Hasen und an den Igel. Die Igel stellten sie sich nämlich als arme, aber schlaue Bauern und den Hasen als hochnäsigen, reichen Bürgersmann vor.

Der Mann und das Tier

Es war einmal ein Mann, der wollte im Wald jagen. Aber der Wald war wie ausgestorben. Kein Tier ließ sich blicken. Endlich kam der Mann an eine Lichtung tief im Wald. Da saß plötzlich ein Tier, daß er vorher noch nie gesehen hatte. Das Tier schaute den Mann an. Es hatte überhaupt keine Angst. Der Mann ging mit klopfendem Herzen auf das Tier zu und blieb stehen. Das Tier lief ein paar Schritte auf den Mann zu und blieb sitzen. Es hat keine Angst, dachte der Mann, und ihm wurde unheimlich. Das Tier schaute den Mann weiter an – so, als wollte es ihm in einer stummen Sprache etwas mitteilen. Dem Mann aber wurde immer unheimlicher. Ich muß es töten, sagte er und schoß auf das Tier. Tatsächlich war das Tier sofort tot. Es war ein Tier nicht größer als ein Hase, und der Mann nahm es mit nach Hause und legte es in die Kammer. In der Nacht aber träumte er von dem Tier: Das Tier schaute zum Fenster 'rein und war quicklebendig. Der Mann riß die Flinte von der Wand und schoß. Das Tier war getroffen und verschwand. Aber schon nach kurzer Zeit hörte er am Hoftor Geräusche, und das Tier kam durch das Hoftor und war größer als zuvor. Wieder schoß der Mann auf das Tier, und wieder verschwand es. Der Mann ging ins Haus zurück, und da hörte er ein Geräusch hinter der Tür. Die Tür ging auf, und das Tier kam herein. Es war jetzt so groß, daß es nur mit Mühe durch den Türrahmen kam. Das Tier kam auf den Mann zu und berührte ihn. Es war fast, als wollte es den Mann streicheln. Aber der Mann fing an, laut um Hilfe zu schreien . . . Er erwachte schweißgebadet. Im Haus war alles still. Er lief in die Kammer, und da lag das Tier – so klein und tot wie am Vortage.

Die Graugans

2. Und da kam ganz oben,
ha, halali,
die Graugans geflogen,
ho, horido.

3. Und die will er kriegen,
ha, halali,
sie soll nicht mehr fliegen,
ho, horido.

4. Er hat sie getroffen,
ha, halali,
da fiel sie sechs Wochen,
ho, horido.

5. Ihm knurrte der Magen,
ha, halali,
er mußte sie tragen,
ho, horido.

6. Die Frau rupfte fleißig,
ha, halali,
sechs Wochen, das weiß ich,
ho, horido.

7. Die Gans kocht sechs Wochen,
ha, halali,
hat so schön gerochen,
ho, horido.

8. Dann kamen die Esser,
ha, halali,
mit Gabel und Messer,
ho, horido.

9. Die Gabel konnt nicht stechen,
ha, halali,
das Messer tat zerbrechen,
ho, horido.

10. Kein Mensch kann sie essen,
ha, halali,
das Schwein soll sie fressen.
ho, horido.

11. Es öffnet den Rachen,
ha, halali,
war gar nix zu machen,
ho, horido.

12. So wollten sie eben,
ha, halali,
die Graugans zersägen,
ho, horido.

13. Da war nach sechs Wochen,
ha, halali,
die Säge zerbrochen,
ho, horido.

14. Ich bin nach sechs Jahren,
ha, halali,
aufs Meer rausgefahren,
ho, horido.

15. Und da kam hoch oben,
ha, halali,
die Graugans geflogen,
ho, horido.

16. Mit sechs kleinen Gänsen,
ha, halali,
die machten alle: Quik, Quäk,
ho, horido.

Das Lied von der Graugans ist eine freie Nachdichtung des Liedes „The Grey Goose" aus den USA. Dort wurde es ursprünglich von den Gefangenen gesungen, die zu mörderisch schweren Arbeiten beim Bau der amerikanischen Eisenbahnen verurteilt worden waren. Der Wert eines solchen Gefangenen wurde danach beurteilt, inwieweit er fähig war, seine Arbeitszeit lebend zu überstehen, „durchzukommen".

In alten Zeiten haben die Menschen noch sehr wenig über die Tiere gewußt. Sie wurden als geheimnisvoll und unbegreiflich angesehen. Die Menschen machten sie aber auch oft in ihrer Phantasie zu ihresgleichen, ließen sie sprechen und denken, lachen und weinen. Manchen Tieren aber wurden auch übermenschliche Eigenschaften nachgesagt. Der Kuckuck z. B. könne die Lebensjahre voraussagen und das Käuzchen den Tod ankündigen. Es gibt ein Lied von einem Kuckuck, der erschossen wird und trotzdem lebendig bleibt:

Auf einem Baum ein Kuckuck
simsaladim, bambasala, dusaladim,
auf einem Baum ein Kuckuck saß.

Da kam ein junger Jäger,
simsaladim, bambasala, dusaladim,
da kam ein junger Jägersmann.

Der schoß den armen Kuckuck,
simsaladim, bambasala, dusaladim,
der schoß den armen Kuckuck, tot.

Und als ein Jahr vergangen,
simsaladim, bambasala, dusaladim,
und als ein Jahr vergangen war,

da war der Kuckuck wieder,
simsaladim, bambasala, dusaladim,
da war der Kuckuck wieder da

Die Krähe

2. Im allerersten Baume saß ein schwarzes Tier.
   Warum? Darum! Schnee fiel in der Nacht.
   Das war eine Krähe und die schrie so laut wie vier.
   Warum? Darum! Die Krähe hat gelacht.

3. Da wurde unser Bauer vor Angst ganz klein,
   Warum? Darum! Schnee fiel in der Nacht,
   und schlupfte kopfüber in ein Mauseloch rein.
   Warum? Darum! Die Krähe hat gelacht.

4. Doch da sah er sein Gewehr und da wurd er wieder groß,
   Warum? Darum! Schnee fiel in der Nacht.
   Und er zielte auf die Krähe und der Schuß krachte los.
   Warum? Darum! Die Krähe hat gelacht.

5. Und die Krähe, die schleppte er schnell nach Haus,
   Warum? Darum! Schnee fiel in der Nacht.
   Und dann kam er zwei Tage aus dem Haus nicht mehr raus,
   Warum? Darum! Die Krähe hat gelacht.

6. Aus dem Fett von der Krähe machte er zu Haus,
Warum? Darum! Schnee fiel in der Nacht.
Alle Schmalztöpfe voll und noch zwölf Kerzen daraus.
Warum? Darum! Die Krähe hat gelacht.

7. Auch der Braten von dem Krähenfleisch war riesengroß.
Warum? Darum! Schnee fiel in der Nacht.
Und der Bauer, der schmatzte wie ein Scheunendrescher los.
Warum? Darum! Die Krähe hat gelacht.

8. Mit den Federn stopfte er alle Betten aus,
Warum? Darum! Schnee fiel in der Nacht.
Von nun an schlief jeder schön warm in dem Haus.
Warum? Darum! Die Krähe hat gelacht.

9. Aus der Haut, ja da machte er zwölf Paar Schuh,
Warum, Darum! Schnee fiel in der Nacht.
Und die Oma, die kriegte Pantoffeln dazu.
Warum? Darum! Die Krähe hat gelacht.

10. Und dann hat der Bauer an sich selbst gedacht,
Warum? Darum! Schnee fiel in der Nacht.
Und hat sich aus dem Kopf einen Kleiderschrank gemacht.
Warum? Darum! Die Krähe hat gelacht.

11. Und am nächsten Tag, da ging er wieder in den Wald.
Warum? Darum! Schnee fiel in der Nacht.
Und da hat er sie gehört, ach, da wurd ihm heiß und kalt,
Warum? Darum! Die Krähe hat gelacht.

Dieses Lied wurde nach der Vorlage einer schwedischen Volksballade geschrieben. Hier ist eine Krähe so ein hintergründiges Wesen. Zugleich ist sie die Hauptfigur in einer Geschichte, in der alles stimmt, oder . . . ?

Der Spatz

C G
Der klein-ste Spatz im Spat-zen - nest, der mach- te ein Ge -
C G
-schrei, bis die Spat-zen-mut-ter kam und brach-te Fut - ter her -
C F C F C F C
- bei, und kaum hat er Fe- dern, guckt er aus dem Spat- zen- nest her-
F G C
- aus, und er flat-tert ei- nes Ta-ges in die wei - te Welt hin - aus.
Refrain:
C F
Und da guckt er ganz schief, der klei - ne Spatz, und da
G C
sagt er: Hier ist für'n Spatz kein Platz. Doch ich
F
bin ein fin - ger - lan - ger, flin - ker Flü - gel - flat - ter - mann,
G C
und ich guck mir erst mal al - les, was es gibt, so rich- tig an.

2. Doch dann merkt er, daß er nicht so einfach höher fliegen kann
und er flattert schräg nach unten. Gegen eine große Wand
wäre er da fast geflogen, doch der Spatz hat nochmal Glück,
denn er flattert schräg nach unten grad auf Baumanns Mittagstisch.

3. Und die kleine Billa Baumann ruft: Ein Vogel, was ein Glück,
wie der dasitzt und ganz friedlich an den Frikadellen pickt.
Doch der Vater sagt: Ein Spatz gehört nicht auf den Mittagstisch.
Jetzt hat er auch noch geschissen. Bringt den Dreckfink ins Gebüsch!
Refrain:
Und da guckt er ganz schief, der kleine Spatz
und da sagt er: Hier ist für'n Spatz kein Platz.
Doch ich bin ein fingerlanger flinker Flügelflattermann,
und ich guck mir erstmals alles, was es gibt, so richtig an.

4. Und er flattert auf den Hof in eine schöne große Pfütze,
wo die andern Spatzen sitzen, sich mit Pfützenwasser spritzen.
Zu dem Spatz, der abseits sitzt, da ruft er: Kumpel komm doch auch,
denn hier kannste prima baden und hier kühlste deinen Bauch.

5. Doch der andre guckt ganz stolz, plustert sich auf und sagt ihm dann:
Ich bin kein Spatz, ich bin ein Sperling, pöbeln Sie mich hier nicht an!
Denn an diesem öden Ort mach ich nur Rast und fliege dann
zu der Abfalltonne von 'nem Feineleuterestaurant.

6. Aber Sie sind doch ein Dreckspatz! Gucken Sie sich doch mal an!
Und der Spatz guckt in die Pfütze, sieht sich wie im Spiegel dann
und so hat der Spatz zum ersten Mal sich selber angesehn,
rief: Ick finde mir, ick finde mir, ick finde mir janz schön!
Refrain:
Und dann guckt er ganz schief, der kleine Spatz,
und dann sagt er: Bei so'm Sperling ist für'n Spatz kein Platz . . . .

7. Doch der Spatz war so alleine, das gefiel ihm gar nicht mehr,
da traf er drei andere Spatzen, die war'n neugierig wie er,
und sie flogen zum Holunderbusch und hielten da gleich Rat
und der Spatz erzählte alles, was er schon gesehen hat!

8. Papa Baumanns Frikadellen, ei, die schmecken ja so gut,
nur wenn man sich da was abpickt, kriegt man gleich eins auf den Hut.
Doch die kleine Billa Baumann, ach, die hab ich wirklich lieb,
aber schade, daß sie immer gleich so viele Schimpfe kriegt.

9. Er erzählt auch wie Herr Sperling denkt, daß er was Bessres ist,
weil er seine Spatzenmahlzeit ganz besonders vornehm frißt.
Und da lachten alle Spatzen und wackelten mit ihren Schwänzen
und das wurde eine der allerschönsten Spatzenkonferenzen.
Refrain:
Und da guckt er ganz froh, der kleine Spatz,
und dann sagt er: Hier ist für'n Spatz noch Platz!
Doch wir gucken uns zusammen noch ganz viele Sachen an,
sprach der kleine, fingerlange flinke Flügelflattermann.

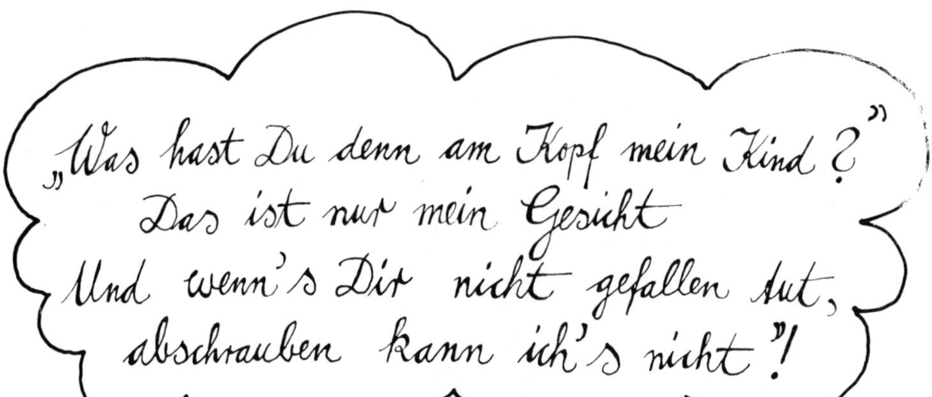

Joe Crowdy

2. Joe Crowdy wollte ziehen,
der Sheriff rief: Hej, Mann,
hier wird nicht rumgeballert,
Joe Crowdy, du bist dran!
Joe Crowdy, Joe Crowdy.

3. Joe Crowdy sagte: Sheriff,
ich bin der falsche Mann.
Ich habe nicht geschossen,
was ich beweisen kann.
Joe Crowdy, Joe Crowdy.

4. Halt deinen Mund, du Nigger,
ein schwarzer Cowboy lügt!
Legt diesen Mann in Fesseln,
der wird jetzt abgeführt.
Joe Crowdy, Joe Crowdy.

5. So sperrten sie Joe Crowdy
in eine Zelle ein,
mit Gittern vor dem Fenster,
da saß er ganz allein.
Joe Crowdy, Joe Crowdy.

6. Doch seine Freunde sagten:
Joe Crowdy, der muß raus!
Und backten einen Kuchen,
der sah sehr harmlos aus.
Joe Croedy, Joe Crowdy.

7. Darin war eine Feile
sehr praktisch, scharf und schwer.
Und als der nächste Tag kam,
war seine Zelle leer.
Joe Crowdy, Joe Crowdy.

8. Da war nur noch ein Zettel
auf seinem Zellentisch:
Viele Grüße von Joe Crowdy,
denn der ist euch entwischt.
Joe Crowdy, Joe Crowdy.

9. Ein schwarzer Cowboy hat hier
in dieser Stadt kein Glück.
Der Sheriff ist ein Schurke,
ich komm nie mehr zurück.
Joe Crowdy, Joe Crowdy.

10. Ich reite in die Ferne,
bis in ein bessres Land,
wo niemand zu mir „Nigger" sagt
und wo ich Mensch sein kann.
Joe Crowdy, Joe Crowdy.

In diesem Lied ist von einem schwarzen Cowboy die Rede. Das kommt euch sicheriich komisch vor, weii die meisten Cowboys, die ihr in den Filmen gesehen habt, ja weiße Hautfarbe haben. In Wirklichkeit gibt es aber sehr viele schwarze Cowboys. Sie kommen nur selten in den Cowboyfilmen vor, weil hier die Weißen meistens die Hauptrolle spielen.

Ritter Klipp von Klapperbach

2. Und seine Frau Mathilde,
die hatte keine Ruh,
denn um die Burg, da klapperts,
da klapperts immerzu.
Sie rief: Klipp, komm zum Essen,
heut gibt es Speck mit Kraut,
doch Klipp hat nichts verstanden,
er klapperte zu laut.

Refrain:
Klapper, klapper, rumpelpum,
klapper, klapper, rumpelpum.

3. Dann ritt Herr Klipp zum Kampfe
und klappert' fürchterlich
und haute klappernd um sich
der arge Wüterich.
Da traf ihn eine Lanze
mit einem Riesenkrach.
Er klapperte noch leise
als er am Boden lag.
Refrain:
Klapper, klapper, rumpelpum,
klapper, klapper, rumpelpum.

4. Zum Teufel mit der Rüstung!
Das ist doch alles Blech!
So rief der Klapperbach
und warf sie einfach weg.
Dann humpelt er nach Hause
und wurd' ein Müllersmann
und hört sich abends friedlich
das Mühlradklappern an.
Refrain:
Klapper, klapper, klippdiklapp,
klapper, klapper, klippdiklapp.

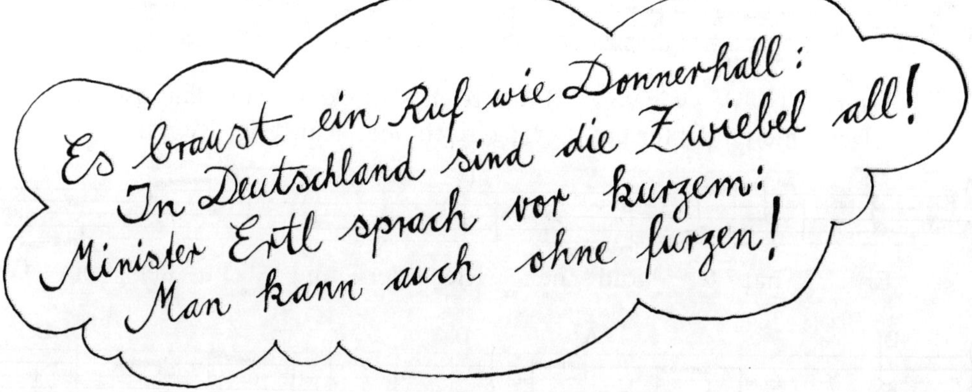

Dieses Lied macht mehr Spaß, wenn ihr ein richtiges Klapperbach-Orchester zusammenstellt. Das Klapperbach-Orchester ist mit allen möglichen Blech- und Metallinstrumenten ausgerüstet, mit denen man klappern, scheppern, rasseln oder sonstwie tönen kann. Zum Beispiel Blecheimer, Büchsen aller Art, alte Bratpfannen, Töpfe und Topfdeckel usw. Allerdings müßt ihr darauf achten, daß die Blechinstrumente das Singen nicht übertönen. In den ersten zwei Refrains kann ruhig laut gepoltert werden. Überlegt euch mal, wie der Ritter klappert, wenn er im Galopp um die Burg reitet. Als er am Boden liegt, klappert er entsprechend leise, und das Mühlradklappern am Schluß kann man durch besonderes Händeklatschen nachmachen.

Der Monarch

2. Er hatte goldene Kleider
und Puder im Gesicht,
doch ein Stück Seife, leider,
das hatte Ludwig nicht.

3. Im Schlosse zu Versailles
schritt er von Raum zu Raum,
ansehnlich einesteiles,
doch andernteiles kaum.

4. Denn wenn er kam, dann bückten
die Herrn sich bis zum Schuh,
Und wenn er ging dann drückten
sie sich die Nase zu.

5. Er war ein großer König,
Genennet war sein Nam,
Doch liebte ihn halt wenig,
wer ihm näherkam.

6. Zwei Doktorn der Sorbonne
beschrieben ihn genau:
Er glänzte wie die Sonne.
Er roch wie eine Sau.

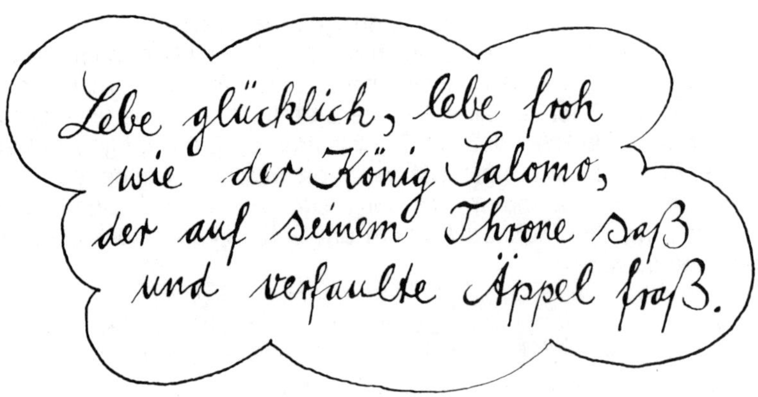

Ludwig XIV. war von Mitte des 17. bis zu Anfang des 18. Jahrhunderts König von Frankreich. Er lief in einer großen Perücke herum und war ganz in Samt und Seide gekleidet. Seine Umgebung mußte vornehm und prunkvoll sein. Er selbst hielt sich für den strahlenden Mittelpunkt der Welt und wurde deshalb der „Sonnenkönig“ genannt.

Der Säbelkaiser

2. Der Schnurrbart wurd allmählich
wie'n Hundeschwanz so groß
Doch heut im Lied erzähl ich
euch von dem Säbel bloß.
Refrain:
Ssst - ta -ta, ssst - ta - ta
täterä tä tää!

Mit dem Säbelkaiser ist der letzte deutsche Kaiser, Wilhelm II., gemeint. Er war keineswegs ein friedlicher Herrscher. Das meiste Geld gab er für Kriegsschiffe, Kanonen und andere Waffen aus. Er glaubte, daß die Deutschen besser wären als andere Völker und drohte oft mit Krieg. Deshalb gab man ihm den Spitznamen „der Säbelrassler". Wilhelm II. führte die Deutschen in den ersten Weltkrieg, der blutiger und grausamer war als alle Kriege zuvor. Als 1918 der Krieg verloren war und die Deutschen vom Kriegführen die Nase voll hatten, wurde Wilhelm II. abgesetzt und floh nach Holland.

3. Mit diesem Säbel nämlich
rasselt er allezeit.
Ihr meint dies wäre dämlich?
Wie klug ihr Kinder seid.

4. So wie der Hagel prasselt,
so wie die Kette klirrt,
hat der Monarch gerasselt.
wie überliefert wird.
Refrain

5. Und schlief ein Mensch in stillem
Behagen unterm Dach,
dann kam der Kaiser Willem
Und rasselte ihn wach.

6. Bis über Ulm und Kassel,
bis London und Paris
hörten sie das Gerassel,
und ungern hörten sie's.
Refrain

7. Da warn selbst die Berliner
halb taub von all dem Blech
und sagten: Lieber Kaiser,
Steck mal die Plempe° wech.

8. Und sagten: Lieber Kaiser,
nu rassel doch mal leiser,
und zu der guten Letzt
hab'n sie ihn abgesetzt.
Refrain:

9. Da zog der Wilhelm grollend
(und war nun nicht mehr kühn)
ins Königreich von Holland,
woselbst die Tulpen blühn.

10. Er starb wie alle Kaiser
in irgendeinem Jahr,
Jetzt steht er im Geschichtsbuch,
zehn Zeilen lang sogar.
Refrain

° *Das Wort „Plempe" heißt soviel wie Säbel.*

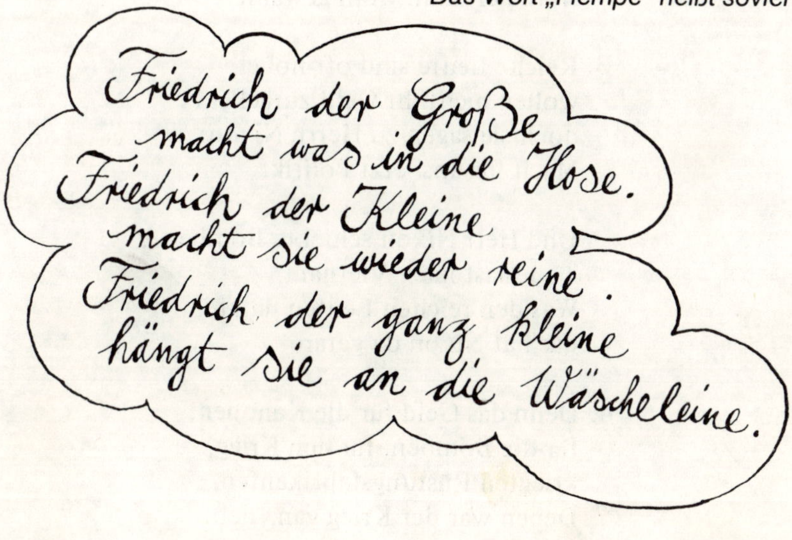

Der Herr Nixon

2. Auch viel Geld hat er anscheinend,
ist ein echter Millionär,
und auch seine Helfershelfer
haben Geld und helfen sehr. . .

Dem Herrn Nixon bei den Wahlen,
denn die Wahlen kosten Geld.
Hätt Herr Nixon davon gar nichts,
würde er dann wohl gewählt?

3. Reiche Leute sind oft nobel,
wollen nicht ihr Geld zurück,
doch sie sagen zu Herrn Nixon;
Mach für uns jetzt Politik!

Und Herr Nixon schickte Bomber –
Todeslast nach Vietnam.
Was den reichen Leuten nützte,
das hat Nixon da getan.

4. Denn das Geld für die Kanonen,
für die Bomben, für den Krieg,
kriegten Rüstungsfabrikanten.
Denen war der Krieg ganz lieb.

Und auch andre reiche Leute
hatten gar nichts gegen ihn,
denn sie wollten nach dem Siege
auch nach Vietnam hinziehn.

5. Zu verkaufen allen denen,
die dann noch am Leben sind.
Radios, Autos, Coca-Cola.
Daraus schlagen sie Gewinn.

Denen die am Krieg verdienen,
macht es scheinbar nicht viel aus,
kehren viele ihrer Landsleut'
nicht mehr aus dem Krieg nach Haus.

6. Doch die Landsleut von Herrn Nixon,
Schwarze warn vereint mit Weißen,
riefen – täglich wurdens mehr –:
Schluß mit Krieg und Bombenschmeißen!

Der Herr Nixon wußt nichts Bessres,
rief gleich seine Polizei,
daß der Platz vorm Weißen Haus nicht
schwarz von Demostranten sei.

7. Und die Polizisten schlugen
auf die Köpf der Leute ein,
damit diese nicht mehr riefen:
Schluß soll mit dem Krieg jetzt sein.

Krankenhäuser und die Deiche,
Schulen Kindergärten gar,
nichts war sicher vor Zerstörung,
fabriziert in USA.

8. Und die Todeslast der Bomber
fiel auf ganz Nordvietnam,
doch sobald die Bomber weg warn,
gingen alle Leute ran.

Und es wurd geschippt, gegraben,
aufgebaut und repariert.
Mütter halfen mit und Greise,
daß die Not gelindert wird.

9. Die Maschinen mit viel Eifer
gruben sie in Höhlen ein.
Da ging dann die Arbeit weiter
unter Gras und Felsgestein.

Und die Kinder mußten lernen,
lernen wie man überlebt.
Wie man zu dem Kampf der Eltern
seinen kleinen Teil beiträgt.

10. Und sie lernten schnell erkennen,
was da hoch am Himmel fliegt,
wie man aus der Schulbank springt
und ganz schnell im Erdloch liegt.

Doch da halfen viele Leute,
schickten Geld nach Vietnam,
Geld für Schulen, Krankenhäuser,
für den Aufbau dieses Lands.

11. Als die Flieger Bomben warfen,
starben viele Kinder dran,
Warum dort die Kinder starben,
geht auch Kinder hier was an.

Von 1965 bis 1975 führten die USA einen grausamen Krieg in Vietnam. Einen Teil dieser Zeit war Richard Nixon Präsident der USA und damit einer der Hauptverantwortlichen für den Krieg in Vietnam. Aber viele Leute waren damals mit dem Krieg der USA gegen das kleine Vietnam nicht einverstanden. Auf der ganzen Welt fanden Demonstrationen und Hilfsaktionen für Vietnam statt. Auch Kinder in der Bundesrepublik wollten helfen. Auf Vietnam-Basaren wurden selbstgebastelte Sachen verkauft, Geld gesammelt und Lieder gesungen. Für solche Aktionen wurde das Lied vom Herrn Nixon geschrieben. Kinder, die es z. B. auf einem Vietnam-Basar sangen, konnten den Umstehenden mit dem Lied erklären, warum sie für die Kinder in Vietnam etwas tun wollten. Inzwischen haben die USA den Krieg in Vietnam verloren, und Nixon wurde wegen Betrügereien abgesetzt.

Die Geschichte von To

I. Von den Feldern den Reis.
Aus den Teichen den Fisch.
So lebte To's Heimatort.
Die Wasserbüffel. Der Bambushain.
Hier wollte To niemals mehr fort.

Doch der Krieg kam mit silbernen Vögeln,
geschickt aus den USA.
Und nach einer Nacht aus Schrecken,
da warn nur noch Krater da.

Das Dorf war nicht mehr zu finden
als To aus dem Bunker kam.
Die Eltern – tot. So nahm ihn
mit sich sein Onkel Tschang.

Tschang sagte: Wir gehen jetzt beide
zur Stadt der Flüsse – Cholon.
Ich treibe Handel mit Reis und mit Fisch
und du kommst mit dem Leben davon.

Und endlich war wieder Frieden,
doch waren viel Häuser verbrannt.
Millionen Bombentrichter
und wenig fruchtbares Land.

Es kam der große Regen
mit Sturm und Schlamm daher.
Im Norden kam wieder der Krieg ins Land
mit chinesischem Militär.

Da war wenig Reis zu haben
im Reisland Vietnam.
Wer schlau ist, macht jetzt noch Geschäfte,
sagte der Händler Tschang.

Gegen die reichen Händler,
da wurd ein Gesetz gemacht.
Wer sich an andern bereichert,
wird zur Arbeit aufs Land gebracht.

Doch To fand Freunde, die sagten:
Hilf mit, und es ändert sich.
Wir tragen den Schutt aus der Schule.
Wir alle, wir brauchen auch dich.

II. Im amerikanischen Sender,
da hörte der Händler Tschang
einen Flüchtling, der war übers Meer geflohn.
Er sei jetzt ein glücklicher Mann.

Der sagte: Hier ist die Freiheit,
und hier macht jeder sein Glück.
Wo ihr seid, ist es schlimm, kommt zu uns,
dann wollt ihr niemals zurück.

Und Tschang sagt zu To: Sie haben
mich hier ins Elend gebracht.
Ich weiß von glücklichen Ländern,
und du fährst mit heute nacht.

To sagte: Ich helf' bei der Schule.
Da lachte sein Onkel Tschang.
Da springt nichts bei 'raus, und das Boot ist bezahlt.
Wir fliehen aus Vietnam.

Groß war an Bord die Hoffnung:
Wir fahren aus aller Not.
Die Welt ist gut und hilfsbereit
und wartet auf unser Boot.

Doch dann kam die große Hitze
und der Sturm – weit weg vom Land.
Für manchen war die Freiheit der Tod.
So starb auch To's Onkel Tschang.

To wurde gerettet und kam in ein Land,
das sah kalt und ordentlich aus.
Und ein Mann, beschützt von viel Polizei,
rief: Hier ist die Freiheit zu Haus.

Und als To sagte: Ich liebe mein Land.
Fragten sie: Bist du Kommunist?
Da erzählte To die Geschichte von Tschang
und wie alles gekommen ist.

Und als die Schwester mit Decken und Tee
und vielen Geschenken kam.
Da sagte er lächelnd: Helft nicht nur mir.
Helft meinem Land – Vietnam!

Diese Verserzählung habe ich 1979 geschrieben. Vietnam hat immer noch unter den Folgen des Krieges gegen die USA zu leiden. Außerdem wurde es von schweren Naturkatastrophen heimgesucht. Die materielle Hilfe, die einige westliche Länder (z. B. die USA und die Bundesrepublik) am Ende des Vietnamkrieges versprochen hatten, blieb aus. – Viele Vietnamesen verließen ihre Heimat und wurden bei uns oft von Leuten begrüßt, die vorher die Vernichtungspolitik der USA gegen Vietnam unterstützt hatten.

Der Rattenfänger von Hameln

2. Sie gaben dem Spielmann Schlackwurst und Brot,
bevor er weiter zog
nach Hameln, der schönen Stadt an der Weser,
die war in großer Not.

In Hameln, da huschten die Ratten umher,
die Ratten warn überall.
Sie fraßen den Armen das letzte Stück Brot
und die Kerzen im Rathaussaal.

Doch die Wache am Tor, die ließ ihn nicht ein:
„Solch Lumpenpack brauchen wir nicht!"
Und als er nicht gehen wollte, schnappten sie ihn
und schlugen ihm ins Gesicht.
Refrain:
Der ist arm,
der ist fremd,
der soll machen, daß er rennt.

3. Die Hamelner flehten zum lieben Gott,
doch der liebe Gott rührte sich nicht.
Selbst der Bürgermeister magerte ab
und sprach mit bleichem Gesicht:

„Wer es schafft, die Stadt Hameln mit Gott oder nicht
von der Rattenbrut zu befrein,
der kriegt 100 Golddukaten zum Lohn
und soll Hamelner Bürger sein."

Der Spielmann am Stadttor, der hörte davon
und sagte: „Ich bin der Mann,
der die Stadt für den versprochenen Lohn
von den Ratten befreien kann.
Refrain:
Ich pfeif schön,
ich pfeif lang,
's ist ein wunderbarer Klang."

4. Er lief durch die Gassen am Ende der Nacht
und blies einen hellen Ton,
einen Ton,den hörten die Ratten sofort
und liefen und folgten ihm schon.

Er durchschwamm die Weser, die Ratten ertranken,
sie wollten hinter ihm her.
Und in Hameln, da gab es seit diesem Tag
keine einzige Ratte mehr.

„Herr Bürgermeister, die Stadt ist befreit.
Jetzt gebt mir meinen Lohn."
Doch der Bürgermeister, der lachte ihn aus:
„Den kannst du beim Teufel holn!
Refrain:
Du bist arm,
du bist fremd,
du sollst machen, daß du rennst"

5. Der Spielmann ging fort, verbittert und arm,
nur die Kinder in der Stadt,
die erzählten noch lang, wie der Bürgermeister
den Spielmann betrogen hat.

Doch der Mann kam zurück am Johannistag
als Jäger mit rotem Hut,
blies Flöte, die Kinder spitzten die Ohrn,
diese Töne verstanden sie gut.

Auf Zehenspitzen, da schlichen sie sich
aus den engen Häusern hinaus,
Sie hatten den süßen Klang im Ohr,
da wollten sie nie mehr nach Haus.
Refrain:
Horch, was pfeift der schön
und was pfeift der lang!
's ist ein wunderbarer Klang.

6. Sie klagten dem Rattenfänger ihr Leid
und sagten ängstlich und bleich:
„Wir müssen immer gehorsam sein,
sonst schlägt man uns windelweich.

Die Stuben hier sind dunkel und eng,
manches Kind in unserer Stadt
ist zufrieden, wenn es ein Bett aus Stroh
und ein wenig zu essen hat.“

Da erzählte ihnen der fremde Mann
von einem fernen Land,
wo kein Kind vor Angst und vor Kälte weint,
wo jeder Mensch glücklich sein kann.
Refrain:
Er sprach schön,
er sprach lang,
und die Kinder glaubten dran.

7. Dann liefen sie alle fort aus der Stadt.
Der Spielmann blies wunderschön.
Sie zogen hinaus zum Poppenberg
und waren bald nicht mehr zu sehn.

Sie suchten und suchten und fanden es nicht.
das ferne, versprochene Land ......
und sagten am Ende zu den eigenen Kindern:
„Das nehmen wir selbst in die Hand.“

Und seitdem, da bauen sie gegen Krieg und Not
an einer besseren Welt,
wo kein Kind zu hungern und zu weinen braucht,
wie's der Spielmann einst erzählt.
Refrain:
Er pfiff schön,
er pfiff lang,
's war ein wunderbarer Klang.

In den mittelalterlichen Städten vermehrten sich die Ratten oft so schnell, daß sie zu einer Plage für die Menschen wurden. Und oft wußten die Leute nicht, wie sie sich gegen die Ratten wehren sollten. – Wer der Rattenfänger von Hameln war, weiß man nicht genau. Es ist möglich, daß es ein Werber für die Besiedlung von Gebieten jenseits der Elbe war bzw. ein Werber für Kinderkreuzzüge. (Es gab im 13. Jahrhundert einen Kinderkreuzzug, bei dem aber die meisten Kinder umkamen und die übrigen nie ihr Ziel – das Heilige Land – erreichten.)

Die Weltraumfahrt

4. Und dann hat die Rakete
gedonnert und gezischt,
hob ab und war nur noch ein Punkt
im hellen Tageslicht.

5. Die Vier sahn bald die Erde
als einen kleinen Stern.
Doch schwebten sie noch weiter –
sie flogen ziemlich gern.

6. So flogen sie zu einem
Planeten hoch hinauf,
der glänzte hell wie Silber
mit grünen Meeren drauf.

7. Sie stiegen aus und liefen
an so ein grünes Meer.
Das war wie Zuckerwatte
und kitzelte sie sehr.

8. Und in der Ferne sahn sie
Figuren glitzernd stehn,
wie große Schneekristalle,
das fanden sie sehr schön.

9. Sie standen da und sagten:
Welch wunderbarer Stern!
Gibt's hier wohl Lebewesen?
Das wüßten wir sehr gern.

10. Und während sie so staunten
und fanden alles schön,
da sah man um ihr Raumschiff
fünf blaue Wesen stehn.

11. Die zogen der Rakete
geschwind aus ihrem Bauch
den größten Weltraumkoffer
und machten ihn gleich auf.

12. Sie fanden einen Kasten
mit großen Spulen dran
und drückten einen Hebel,
schon fing der Kasten an:

13. Die Erde ist ein großer
abwechslungsreicher Stern.
Ihr sollt aus der Vergangenheit
von ihm ein wenig hör'n.

14. Einst gab's hier viele Menschen,
die hatten nichts zu kau'n.
und anderswo, da ließ man
Gemüs und Obst verfaul'n.

15. Nur wenige hatten alles,
Fabrik und Land und Stadt,
und viele schufteten sich müd
den lieben langen Tag.

16. Die blauen Wesen schimpften:
Was soll uns so ein Stern!
Und spuckten gelbe Knallbonbons,
man konnt es weithin hör'n.

17. Das hörten die vier Kinder
und liefen sehr schnell hin.
Sie sahn die blauen Wesen,
ihr Tonband mittendrin.

18. Die blauen Wesen sagten:
Der Kasten hat erzählt,
wie es bei euch so aussieht,
das hat uns grad gefehlt!

19. Die Mädchen sagten freundlich:
Was ihr gehört habt heut,
das sind doch alles Sachen
aus längst vergangner Zeit.

20. Im Jahr zweitausendneunzig,
da leben alle gern
auf unsrer runden Erde,
dem guten alten Stern.

21. Heut schafft bei uns sich jeder,
was er zum Leben braucht,
und keiner nutzt den andern
für böse Zwecke aus.

22. Die blauen Wesen lachten
und machten bunten Rauch
und sagten: Seid willkommen,
so ist es bei uns auch.

In vielen Zukunftsromanen und -filmen werden außerirdische Lebewesen als gefährliche Roboter oder menschenfeindliche Bestien dargestellt, gegen die man nur mit modernen Vernichtungswaffen vorgehen kann. Das Lied von der Weltraumfahrt beschreibt diese Dinge von einer ganz anderen Seite ...

Helle Räume, kleine Klassen ...

Lieder von der Schule und von der Arbeit

Hänschen Klein in der Schule

3. Plötzlich, ach, ein Riesenkrach
und ein fürchterlicher Schlag!
Sieh mal, Liese, in der Wiese
steckt ein Starfighter.

4. Hänschen ist noch angst und bang,
doch er fängt zu fragen an:
S'raucht und stinkt, Unheil bringts,
wieviel kostet son Ding?

5. Lehrer Kohl die Antwort sagt:
Was da aus der Wiese ragt,
für den Preis von so'm Scheiß
könnte man drei Schulen baun.

6. Helle Räume, kleine Klassen,
Mensch, das wäre kaum zu fassen.
Wär das so, wär ich froh,
wie der Mops im Paletot.

„Starfighter" ist der Name für ein Militärflugzeug aus den USA, das mehr als eine Million DM kostet. Obwohl das Flugzeug so teuer und mit modernsten Instrumenten ausgerüstet ist, sind bisher über hundertfünfzig in der Bundesrepublik abgestürzt. Wenn so ein Flugzeug vom Himmel fällt, wird meist der Pilot getötet, und das viele Geld ist auch futsch. Aber immer wieder werden solche Flugzeuge angeschafft und damit viel Geld verschwendet. – Leute, die diese Dinge bei uns ganz deutlich sagen, werden häufig als Kommunisten und Störenfriede beschimpft. Aber sind die, die gegen die hohen Rüstungsausgaben sind, wirklich Störenfriede?

7. Doch da kommt der Schulrat grad,
hat gehört, was Kohl da sagt
und er ruft und er flucht:
Halt, jetzt ist's genug!

8. Wenn sie sowas nochmal sagen,
geht es Ihnen an den Kragen.
Wer hier hetzt, wird versetzt
in das letzte Nest.

9. Doch die Kinder, siehste wohl,
stelln sich vor den bleichen Kohl.
Schulrat nun steht davor
wie der Ochs vorm Scheunentor.

10. Denn da kann er gar nichts machen,
wütend packt er seine Sachen.
Hat gemurrt und hat gestampft
und ist wütend abgedampft.

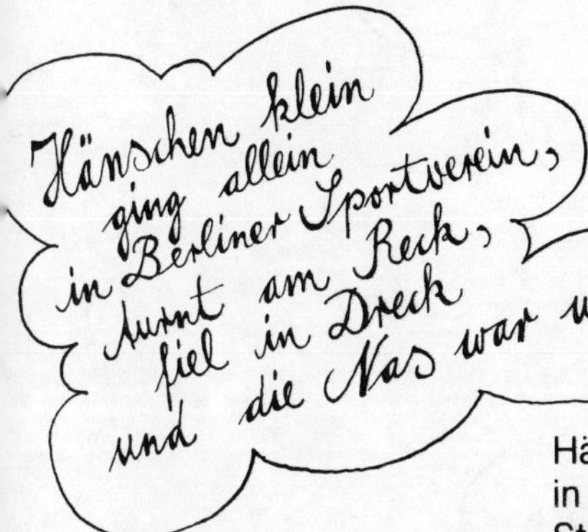

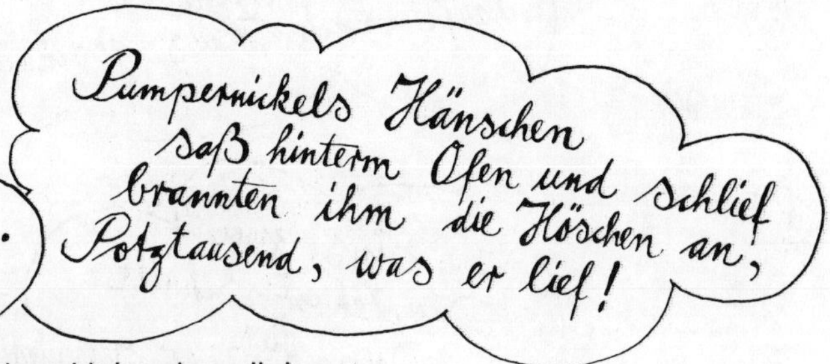

Hänschen klein, ging allein
in die weite Welt hinein,
Stock und Hut, steht ihm gut.
Er ist wohl gemut.
Aber Mama weinet sehr,
hat ja nun kein Hänschen mehr.
Wünsch dir Glück!
sagt ihr Blick.
Kehr nur bald zurück.

Sieben Jahr, trüb und klar,
Hänschen in der Fremde war,
da besinnt sich das Kind,
eilet heim geschwind.
Doch nun ist's kein Hänschen mehr,
nein, ein großer Hans ist er,
braungebrannt Stirn und Hand,
wird er wohl erkannt?

Eins, zwei, drei gehn vorbei,
wissen nicht, wer das wohl sei,
Schwester spricht: „Welch Gesicht!"
kennt den Bruder nicht.
Kommt daher die Mutter sein,
schaut ihm kaum ins Aug' hinein,
spricht sie schon: „Hans, mein Sohn!
Grüß dich Gott, mein Sohn!"

Hänschen klein
ging allein
in die weite Welt hinein.
Stock und Hut
steht ihm gut;
Er ist wohlgemut.
Aber Mama weinet sehr
hat ja nun kein Hänschen mehr
Da besinnt
sich das Kind
läuft nach Haus geschwind.

Eins, zwei
Der Lehrer schreibt.
Drei, vier,
Der Lehrer spielt Klavier
Fünf, sechs,
Der Lehrer macht einen Klecks
Sieben, acht,
Der Lehrer lacht
Neun, zehn,
Der Lehrer läßt einen gehn.

Der Tenor
Ließ 'n Furz im Kirchenchor.
Kam der Pastor angesprungen:
„Mensch, Sie haben falsch gesungen!"

Schulverse

2. Der Lehrer in der Schule,
sagt: Eins und eins ist zwei.
Ein Mann und eine Frau, sagt Jupp,
gibt manchmal sogar drei.

3. Der Lehrer in der Schule
der sagt: Die Welt ist schön.
Man muß nur alle Dinge
mit frohen Augen sehn.

4. Da ruft der Jupp: Auweia,
das müßt mein Bruder wissen,
der ist seit Juni arbeitslos
und findt die Welt be . .scheiden.

5. Der Lehrer in der Schule,
der sagt so dies und das:
Die Füße sind zum Laufen da,
zum Riechen ist die Nas'.

6. Da meldet sich das Fritzchen;
Herr Lehrer, das stimmt nicht,
Bei meinem Vater läuft die Nas'
und riechen tun die Füß.

Der Schüler, der Schüler
der schwitzt in Mathe so.
Muß pauken und ochsen
und wird dabei nicht froh.
Ein Lehrer, ein Lehrer
der gibt danach Musik
Was spricht er, was spricht er?
Jetzt singen wir ein Lied!
Der Schüler, der Schüler,
der wird ja garnicht leiser,
Er schwatzt und er feixt
und der Lehrer schreit sich heiser.
Der Lehrer, der Lehrer,
der sieht's mit einem Blick.
Der Bengel, der Bengel
versteht nix von Musik.
Dem Bengel, dem Bengel
dem geht es durch den Kopf:
Was ist doch der Lehrer
für'n komischer Tropf.

Das Lied von der kleinen Klasse

2. Und dann lauf ich in die Schule rein.
Hör die andern schon von oben schrein.
Ach, in unsrer Klasse ist was los.
Der Radau ist wirklich riesengroß.
Peter, der sagt grad zum Fritz,
was der für ne Niete ist.
Monika steckt noch und noch
Kaugummi ins Schlüsselloch,
Jens und Pit am Lehrertisch
prügeln sich ganz fürchterlich.
Refrain

3. Plötzlich steht der Lehrer da und spricht:
Hier versteht man sich ja selber nicht.
Marion gähnt, und der Karl-Otto schießt
dem Lehrer nen Gummi mitten ins Gesicht.
Und der Lehrer sagt zu sich:
Unterrichten – fürchterlich.
Denn hier rackert man sich ab,
jede Stunde, jeden Tag.
Wenn ich jemand helfen will,
merk ich, das sind viel zuviel.
Refrain

4. Komm ich aus der Schule dann nach Haus
mit ner fünf, was seh ich traurig aus.
Leise schleich ich an den Mittagstisch,
und mein Vater sagt ganz ärgerlich:
Wenn du das so weitertreibst
und am Ende sitzenbleibst,
wirst du später arbeitslos,
ja, was machst du denn dann bloß.
Doch wir merken schon am Schluß,
was man alles ändern muß,
daß ein jeder Schüler dann,
was er braucht auch lernen kann.
Refrain:
Mensch, dann brauchen wir ne kleine Klasse,
wo man auch mal was sagen kann.
Und wo der Lehrer nicht so laut zu schrein braucht,
und einer hilft dem andern dann.

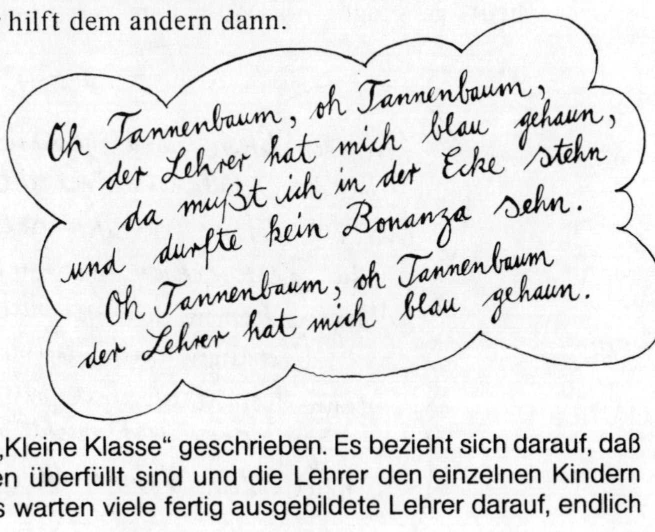

Dieses Lied wurde für die Aktion „Kleine Klasse" geschrieben. Es bezieht sich darauf, daß bei uns immer noch viele Klassen überfüllt sind und die Lehrer den einzelnen Kindern nicht helfen können. Andererseits warten viele fertig ausgebildete Lehrer darauf, endlich arbeiten zu können.

Was hat der Lehrer heut gesagt?

In der Schule wird geschrieben,
in der Schule wird gelacht
bis der Lehrer pitsch-patsch macht
Au Herr Lehrer, das tut weh!
Morgen komm ich gar nicht mehr.
Übermorgen noch einmal,
dann komm ich mit meinem Großpapa.
Großpapa war nicht so dumm,
haut dem Lehrer die Nase krumm.

2. Was hat der Lehrer heut gesagt?
Was hat er heut gesagt?
Er hat gesagt, Pauls Vater wär
Sozialpartner jetzt und kein Arbeiter mehr,
kriegt Lohn im Akkord und darf wählen und streiken,
doch muß das natürlich im Rahmen bleiben.
Das hat der Lehrer heut gesagt.
Das hat er heut gesagt.

3. Was hat der Lehrer heut gesagt?
Was hat er heut gesagt?
Er sagt, es seien wieder mal sieben
aus unserer Klasse sitzen geblieben.
Für manchen sei eben ne Lehre gesünder,
und sechs von den sieben seien Arbeiterkinder.
Das hat der Lehrer heut gesagt.
Das hat er heut gesagt.

4. Was hat der Lehrer heut gesagt?
Was hat er heut gesagt?
Der Lehrer sagt, Kinder aus solchem Milieu,
die sollten sich erstmal ans Hochdeutsch gewöhnen.
Kein Wunder, daß die in der Schule nichts taugen,
doch kann man dem Lehrer nicht alles glauben,
denn andersrum kriegt man die Wahrheit geschwinder;
Solche Schule taugt nichts für die Arbeiterkinder.
Das hat der Lehrer nicht gesagt.
Das hat er nicht gesagt.

1
Du bist kein Arbeiter mehr.
Du bist jetzt mein Sozialpartner.

2
Und was soll ich für dich tun?

3
Na, arbeiten natürlich!

Der Maurer Otto

2. Und dann steht er an der Schnur
greift den nächsten Hohlblockstein,
rechts der Paule, links der Wilhelm,
und die schaffen im Verein,
mauern Ecken, sparn was aus,
da kommt die Wasserleitung rein,
denn der Otto, ja, der Otto,
der ist Maurer.
Refrain

3. Otto hat ein Haus gebaut
für nen reichen flotten Mann,
der so einfach ne Million
auf'n Tisch raufblättern kann.
Aber Otto muß sich sputen,
daß er Miete zahlen kann,
denn der Otto, ja der Otto,
der ist Maurer.
Refrain

4. Otto sagt: Wer Häuser baut,
der braucht Arbeit, der braucht Lohn,
so was kommt nicht von alleine,
und das weiß der Otto schon.
Und er sagt zu Paul und Wilhelm:
Dafür halten wir zusammen,
denn der Otto, ja der Otto,
der ist Maurer.
Refrain

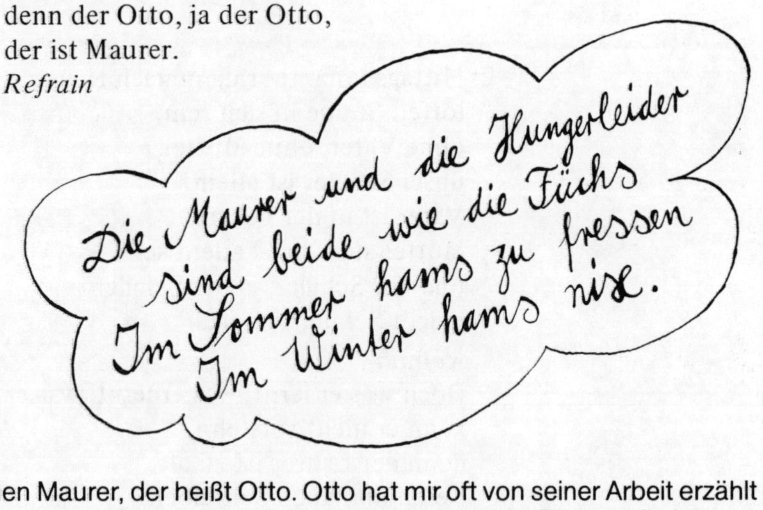

In Salzböden gibt es einen Maurer, der heißt Otto. Otto hat mir oft von seiner Arbeit erzählt und einmal sogar seinen ganzen Tagesablauf. Daraus und von andern Dingen, die ich von Maurern gehört habe, ist das Lied vom Maurer Otto entstanden. Solche Ottos gibt es bei uns viele, und im Gegensatz zu den Fabrikarbeitern kann man sie oft bei der Arbeit beobachten.

Dieses Lied wurde nach dem Muster des „Maurers Otto“ von Schülern aus Frankental in der Pfalz geschrieben. Ich habe mich über dieses Lied sehr gefreut, weil die Lieder euch ja auch anregen sollen, selber Lieder zu schreiben, und hier ist also eins:

2. Mittags kommt er dann nach Hause,
löffelt Suppe in sich rein,
ohne Vater, ohne Mutter,
unser Schüler ist allein.
Vater ist in der Fabrik,
Mutter steht am Ladentisch
und der Schüler, ja der Schüler
macht Schularbeiten.

Refrain
Doch was er lernt, was er lernt, was er lernt,
kann er nicht verstehn,
denn der Lehrer ist zu alt.
Lesen und auch Schreiben
und das Rechnen noch dazu,
lernt ein Schüler, lernt ein Schüler
in der Schule.

3. Hundemüde kommt der Vater
gegen 5 Uhr dann nach Haus,
doch dem Schüler bringt das wenig,
Vater ruht sich erst mal aus.
Kommt die Mutter gegen sieben,
fängt sie gleich zu kochen an
und der Schüler, ja der Schüler,
darf nicht stören.

4. Gerne möcht der Schüler fragen,
wie wohl diese Rechnung geht,
wie man dieses schwere Wort schreibt,
dessen Sinn er nicht versteht,
oder ob die Eltern beide
schon in jenen Ländern warn,
von denen er hört, soviel hört
in der Schule.
Refrain:
Doch was er hört, was er hört, was er hört,
kann er nicht verstehen
und die Eltern sind zu müd,
haben keine Zeit und auch meistens keine Lust,
vertrösten schnell, schrecklich schnell
unsern Schüler.

5. Ist die Tagesschau zu Ende
schickt der Vater ihn ins Bett.
Der Schüler starrt auf leere Wände
und aufs volle Bücherbrett,
Keiner hat mit ihm geredet,
seine Einsamkeit ist groß,
und der Schüler, ja der Schüler
kann nicht schlafen.
Refrain
Denn seine Welt, seine Welt, seine Welt,
ist gar nicht famos,
sondern Sorgen bringt sie bloß,
Bedürfnisse und Wünsche,
die ein Schüler täglich hat
hilft ihm keiner, hilft ihm keiner
zu durchstehen.

Die Postfrau

2. Bringt uns Post von Tante Luzi aus Cuxhafen,
und dem Nachbarn Heinrich bringt sie ein Paket.
Und dann muß sie noch die ganze Straße rauf und runter,
als sie in die Post kommt, ist's schon spät.

3. Protzelkopp, der Amtmann, der schimpft gleich die Frau an:
Typisch so 'ne Trödelliesel von der Post.
Doch die Postfrau wehrt sich: Ne Frau macht ihre Arbeit
genau so gut und pünktlich wie ein Mann.

4. Protzelkopp, der denkt sich: Ich glaub mein Holzbein humpelt!
Die haut auf den Putz hier und ist nur 'ne Frau.
Seh'n se, sagt die Postfrau, ich laß mich nicht zur dummen,
zur dummen Liese machen. So geht's nicht!

5. Und da sitzt der Amtmann und der guckt die Frau an,
die sagt, daß man schon zusammen schaffen kann.
Ein Mann ist nicht was bessres, sondern ein Kollege,
dem 'ne Frau auch mal was sagen kann.

6. Da kommt unsre Postfrau in ihrer blauen Jacke.
Eine schwere Tasche hängt vor ihrem Bauch.
Heute hat sie Glück, denn es ist warm und sonnig,
doch wenn's bitterkalt ist kommt sie auch.

Viele Mädchen und Frauen haben es bei uns schwer, eine gute Ausbildung und einen Beruf zu bekommen, der ihnen auch Spaß macht. Viele Männer lachen über Frauen, die etwas tun, was früher nur Männer gemacht haben. Sie sagen: Frauen gehören an den Kochtopf. Aber immer mehr Frauen wehren sich dagegen, z. B. die Postfrau.

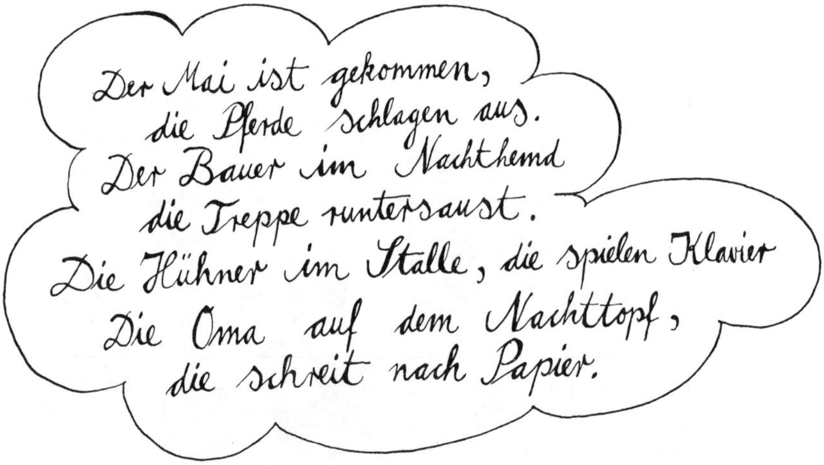

Warum ist der Bauer sauer?

2. Im Juli ist's heiß und der Bauer hat Sorgen.
Er muß sich vom Nachbarn den Mähdrescher borgen.
Der kostet viel Geld,
doch der schafft auch was weg.
Die Säcke mit Weizen
sind prall Stück für Stück.

3. Im August, da ist Kirmes, und der Bauer ist froh,
und er ruft beim achten Bier aus vollem Hals: Holldrioh!
Und er schunkelt, knackt ne Bratwurst,
und wie ist das Leben schön.
So ein Tag, so schön wie heute,
dürfte nie vorübergehn.

4. Im September will der Bauer sein Korn gut verkaufen.
Doch er kriegt dafür wenig, und er fängt an zu schnaufen:
Da schafft man und macht man,
am End steht man da,
hat kein Geld für die Maschinen,
das quält einen fürwahr.

5. Im November guckt der Bauer in den Nebel und ist bang.
Geht jetzt auch in die Fabrik, damit er mithalten kann.
Und er rackert tags am Fließband,
abends fährt er Mist und Schutt.
Und er ist nach so viel Arbeit
nichts als müde und kaputt.

6. Im Dezember, wenn's schneit, hat der Bauer mal Ruh
dann schaut er seinen Kindern beim Lesenlernen zu.
Doch was sieht er da im Lesebuch?
Das ist doch allerhand!
Sieht, wie bunt, gesund und angenehm
die Landwirtschaft sein kann.

Es gibt ein altes Lied über das Leben auf dem Lande, das geht so:

Im Märzen der Bauer die Rößlein einspannt,
er setzt seine Felder und Wiesen instand,
er pflüget den Boden, er egget und sät
und rührt seine Hände früh morgens und spät.

Die Bäurin, die Mägde, sie dürfen nicht ruhn;
sie haben im Haus und im Garten zu tun,
sie graben und rechen und singen ein Lied,
sie freun sich, wenn alles schön grünet und blüht.

So geht unter Arbeit das Frühjahr vorbei,
da erntet der Bauer das duftende Heu,
er mäht das Getreide, dann drischt er es aus;
im Winter, da gibt es manch fröhlichen Schmaus.

In diesem Lied wird das Landleben zur Idylle. Nur seine guten Seiten werden hervorgehoben. Vielleicht machen sich Spaziergänger aus der Stadt manchmal wirklich so ein Bild vom Landleben. Über die traurigen Seiten des Bauernlebens gab es auch viele Lieder, z. B. solche, die von Not und Unterdrückung der Bauern berichteten. Aber in die Lieder- und Lesebücher wurden meist nur solche Lieder aufgenommen, die das Landleben in den schönsten Farben schilderten. Im folgenden Lied wird jedoch mehr an solche Lieder angeknüpft, die auch die ernsten Probleme der Bauern behandeln. Dasselbe gilt für das Lied von der Mähmaschine.

März
FORD

Juli

August

November

Lied einer rostigen Mähmaschine am Ackerrand

Ich bin eine Mähmaschine,
bei mir, da gibt's nichts mehr zu löten.
Ich stehe da und verroste
nicht weit von dem Dorfe Salzböden.

Ich wurde gekauft im Frühjahr
des Jahres einunddreißig,
und der, der mich kaufte, war Bauer
und fast wie sein Knecht so fleißig.

Er sah mich stehen und lief dann
fast sechsmal um mich herum.
Dann trank er drei Gläschen, drei Klare,
und kaufte mich schließlich kurzum.

Zu Hause, da setzt er sich auf mich.
Die Bauersfrau konnt es kaum glauben,
und die Oma, die schlug schnell drei Kreuze
vor soviel Technik mit Schrauben.

Der Knecht, der konnte jetzt gehen.
Er nahm seine Sense gleich mit.
Die waren jetzt nicht mehr vonnöten,
wenn der Bauer so auf mir ritt . . .

Den Kornacker 'rauf und 'runter,
im Sommer bis spät in die Nacht.
So haben wir bis Erntedankfest
manch Zentner Korn eingebracht.

Und viermal so schnell wie die Sense
war ich mit Scheren aus Stahl.
Ich war der technische Fortschritt
fast ganze zwanzig Jahr.

Doch dann kamen andre Maschinen,
die mähten und banden und droschen,
und mein Bauer, der zählt sein Vermögen
bis auf den letzten Groschen.

Er konnt keinen Mähdrescher kaufen,
der so viele Arbeit erspart.
Er verkaufte sein Land und ging mauern
und war doch schon ziemlich bejahrt.

Mir ging es jetzt so wie der Sense.
Ich konnt es zunächst gar nicht fassen.
Man stellte mich neben den Acker
und hat mich dort stehenlassen.

Jetzt wächst mir schon Gras aus dem Bauch 'raus.
Doch ist mir das fast einerlei.
Denn im Sommer, da rattert der große
Mähdrescher an mir vorbei.

Herrjeh, was ist der Kerl fleißig.
Wie frißt der das Korn in sich 'rein.
Ich wünscht nur, sein Fleiß brächte vielen,
ganz vielen Leuten was ein!

Ich bin eine Mähmaschine,
bei mir, da gibt's nichts mehr zu löten.
Ich stehe da und verroste
nicht weit von dem Dorfe Salzböden.

Bäcker Emich, Kaufmann Kloose

2. Kaufmann Kloose ist ein Schlaukopf
kauft sich Brot aus der Fabrik,
und da ist der Bäcker sauer.
Seine Kunden bleiben weg.

3. Keiner grüßt mehr von den beiden.
Emich hat sich dann gedacht:
Jetzt verkauf ich Süßigkeiten,
was sonst nur der Kaufmann macht.

4. Und so ging das noch zwei Jahre,
keiner kriegt den andern klein.
Rackerten sich beide müde.
Wird wohl einer Sieger sein?

5. Doch dann kam das große Kaufhaus,
wo man alles kaufen kann.
Knäckebrot und Süßigkeiten
Brötchen, Spielzeug, Marzipan.

6. Bäcker Emich, Kaufmann Kloose
sahn sich an und waren platt.
Das war nämlich ganz was Neues
Haus an Haus in Tuttelstadt.

7. Kaufmann Kloose schloß den Laden,
sein Geschäft kam nicht mehr mit,
lernte eine andre Arbeit
draußen in der Lackfabrik.

8. Bäcker Emich ging es ähnlich
steht jetzt in der Brotfabrik
an ner großen Teigmaschine.
Das war Emich gar nicht lieb.

9. Denn der Bäcker träumt noch immer,
selbst sein kleiner Chef zu sein,
schaut herab auf die Kollegen
Emich will was Bessres sein.

10. Kloose sieht die Sach genauer
sagt: Alleingang lohnt sich nicht.
Mehr erreicht man mit den andern.
Macht in der Gewerkschaft mit.

11. Emich wundert sich darüber,
Emich ist da ziemlich platt.
Das war nämlich ganz was Neues
Haus an Haus in Tuttelstadt.

Latsch und Bommel gingn in'n Laden,
„Fürn Sechser Käsemaden!"
„Käsemaden ham wa nich!"
Latsch und Bommel drückten sich.

In Frankfurt an der Eck
da wohnt der Bäcker Beck,
der steckt sein' Arsch zum Fenster naus,
un seggt, es wär 'n Weck.
Alle Leit' kam' zu ihm gelaafe
und wollde ihm de Weck abkaafe,
steckt er'n widder noi
und seggt, der Weck is moi.

Früher gab es in den Städten viele kleine Kaufläden. Meist kannte der Kaufmann seine Kunden persönlich, beriet sie beim Kaufen oder machte mit ihnen ein Schwätzchen. Heute haben die großen Kaufhäuser die meisten kleinen Kaufläden verdrängt. So mußten viele ihre Kaufläden zumachen und sich woanders Arbeit suchen. Eine andere Arbeit war oft schwierig für sie, weil sie nun nicht mehr ihr eigener kleiner Herr sein konnten. Das Lied zeigt, wie unterschiedlich die Menschen in einer solchen Lage reagieren.

1. Wer will fleißige Handwerker sehn?
   Der muß zu uns Kindern gehn.

2. Stein auf Stein, Stein auf Stein,
   das Häus'chen wird bald fertig sein.

3. O wie fein, o wie fein,
   der Glaser setzt die Scheiben ein.

4. Tauchet ein, tauchet ein,
   der Maler streicht die Wände fein.

5. Zisch, zisch, zisch, zisch, zisch, zisch,
   der Tischler hobelt glatt den Tisch.

6. Poch, poch, poch, poch, poch, poch
   der Schuster schustert zu das Loch.

7. Stich, stich, stich, stich, stich, stich,
   der Schneider näht ein Kleid für mich.

8. Trapp, trapp, drein, trapp, trapp drein,
   jetzt gehn wir von der Arbeit heim.

9. Hopp,hopp,hopp, hopp, hopp, hopp,
   jetzt tanzen alle im Galopp

Ein schönes Lied – besonders für kleinere Kinder –, weil man alle Bewegungen mitmachen kann. Früher war es ein Lied, das die Arbeit von sehr vielen Menschen betraf. Heute arbeiten die meisten Leute in Fabriken, Büros, auf Ämtern und in anderen großen Betrieben. Ihre Arbeiten lassen sich nicht so leicht beschreiben und nachmachen wie die im Handwerkerlied. In den Betrieben heute arbeiten die Arbeiter an Maschinen, die ihnen nicht selbst gehören. Wenn die Arbeiter die Maschinen selbst besitzen wollen, wie früher die Handwerker ihr Arbeitsgerät, geraten sie mit den Fabrikherrn aneinander.

Der böse Wunsch

Es war einmal ein Mann,
der diente seinem Herrn
so an die zwanzig Jahr,
bis daß sein Herr, ein reicher Knopp,
er selber fix und fertig war.
Da sprach der Herr: Nun komm,
jetzt kriegst du deinen Lohn.

Der Mann, der sprach: Sie sind nun reich,
jetzt will ich die Maschin',
an der ich zwanzig Jahre stand,
dann will ich friedlich ziehn.

Der Herr, der wurde bös: Du spinnst,
so war die Wette nicht,
denn wenn du die Maschine hast,
bist du der Herr, nicht ich.

Hier, nimm dein Geld,
kauf dir von dem,
was die Maschin' gemacht
und sei zufrieden, still und froh,
daß du's so weit gebracht.

Der Mann nahm's Geld und grübelte
bis in die späte Nacht,
warum sein Wunsch nach der Maschin'
den Herrn so bös gemacht.

Der Vater ist die Arbeit los

2. Er repariert die Küchenuhr.
Er repariert die Spüle.
Er repariert die Lampenschnur
und auch die Kaffeemühle.

3. Der Vater ist die Arbeit los.
Er repariert nicht weiter.
Er lacht nicht mehr, wer macht uns bloß
den Vater wieder heiter?

Wenn der Vater und die andern Arbeiter so fleißig waren, daß der Fabrikbesitzer viel verkauft und viel Geld verdient, kann es sein, daß er sich neue Maschinen anschafft und die fleißigen Arbeiter auf die Straße setzt. Dann gehen sie nach Hause und sind arbeitslos.

Ein Mops lief
in die Küche und stahl dem
Koch ein Ei, da nahm
der Koch den Löffel ...

Der Hauswirt hat gekündigt ...

Lieder von Arm und Reich

Was ein Kind braucht

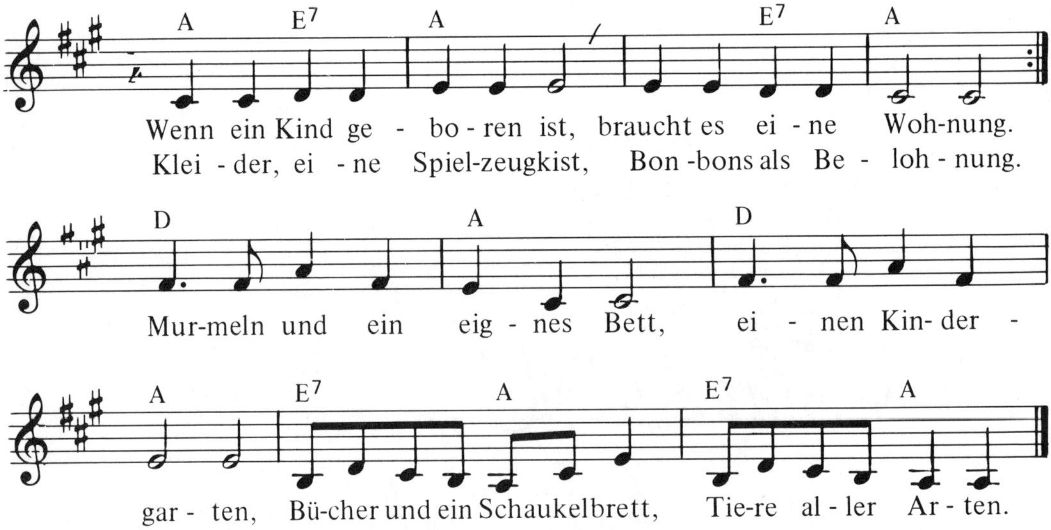

2. Wälder, Wiesen, eine Stadt,
Sommer, Regen, Winter,
Flieger, Schiffe und ein Rad,
viele andre Kinder,
einen Mann. der Arbeit hat,
eine kluge Mutter,
Länder, wo es Frieden gibt
und auch Brot und Butter.

3. Wenn ein Kind nichts davon hat,
kann's nicht menschlich werden.
Daß ein Kind das alles hat,
sind wir auf der Erden.

Vieles, was in diesem Lied vorkommt, ist für euch wahrscheinlich etwas ganz Normales. Aber es lohnt sich, darüber weiter nachzudenken: Bei uns scheint es an nichts zu fehlen.

Niemand braucht zu hungern, und Bonbons und Spielzeug gibt es auch. Und doch können viele Frauen und Männer in dem Beruf, den sie erlernt haben, nicht arbeiten und Geld verdienen. Sie sind arbeitslos. Manche Eltern finden keinen Kindergartenplatz für ihr Kind.

Auch die Wiesen und Wälder nehmen immer mehr ab, weil die Städte sich ausdehnen und vieles eingezäunt ist. Man kann aber bei dem Lied auch an Kinder in der „Dritten Welt" denken, wo einige wenige im Überfluß, viele andere aber in erbärmlicher Armut leben.

In diesen Ländern gibt es viele Kinder, die nicht genug zu essen, keine ausreichende Kleidung und kein Spielzeug haben, denen also alles fehlt, was in dem Lied zunächst so normal erscheint.

Pu Pam und Pam Pu

2. Der Richter sprach: Der Bösewicht
verstänkre unsre Umwelt nicht.
Er kommt jetzt rein ins finstre Loch,
sonst stinkt der Kerl auch morgen noch.
Wenns alle machten, so wie er,
gäb's bald kein frisches Lüftchen mehr.
Denn vor des Magens Eigennutz
kommt allemal der Umweltschutz!

3. Es war einmal ein Mann,
der hieß Pam Pu.
Der machte sein ganzes Leben lang Schmu.
Er hatte ne große Fabrik vor der Stadt
und hinter seiner Villa ein Luxusbad.
Doch die Abwässer von seiner Fabrik,
die flossen stinkend zum Fluß zurück.

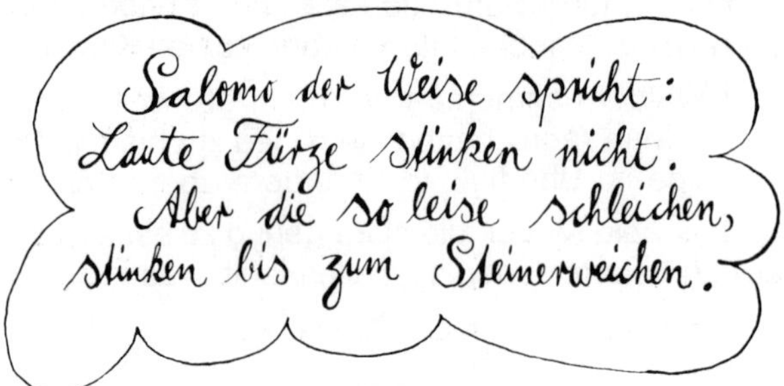

4. Dem Bürgermeister war das nicht geheuer,
doch dachte er an die vielen Steuern,
die die Fabrik der Gemeinde brachte,
Pam Pu saß in seiner Villa und lachte
und sagte: So schnell mach ich keinen Stuß.
Mein Geld, das stinkt nicht,
allerhöchstens der Fluß.

Merke:
Den ersten schmissen sie ins Loch.
Der zweite, der stinkt heute noch.

Es war einmal ein Mann,
der hieß Pupann.
Pupann hieß er,
einen großen Pup ließ er.
Den Pup tat er in die Tasche,
da wurd' er zur Flasche.
Die Flasche tat er ins Spind,
da wurd's'n Kind.
Das Kind legt er in die Wiege,
da wurd's zur Fliege.
Die Fliege flog zum Fenster raus
und damit ist die Geschichte aus.

Viele Lieder, die ihr im Kindergarten oder in der Schule lernt, handeln von der Natur: vom Frühling, von der Sonne, von Wiesen, Bächen und Flüssen. Früher war das alles etwas ganz Normales, und wer Zeit genug hatte, konnte die Natur nach Herzenslust genießen. Heute müssen die Menschen dagegen kämpfen, daß nicht immer mehr von ihrer natürlichen Umwelt zerstört wird. – Wenn einer im Wald ein Tempotaschentuch wegwirft, sieht man das sofort und kann ihm sagen: Heb' das auf! Wenn einer aus seiner Fabrik giftige Abwässer in einen Fluß leitet, sieht man das nicht sofort, und es ist schwierig, den Täter anzuklagen. Deshalb werden oft die kleinen Umweltverschmutzer bestraft, und die großen kommen ungeschoren davon. – Dieses Lied (und auch das vom „Fischteich") wurde für Aktionen gegen die Umweltverschmutzung geschrieben.

Herr Krötzkopp wollte bauen

2. Die Großgarage war
geplant für sehr viel Geld.
Der Kinderspielplatz sollte weg
durch Krötzkopps vieles Geld.

3. Das ist doch unerhört,
ganz Muckstadt war empört.
Man hatte Wut und schimpfte laut.
Die Kinder hams gehört.

4. Der Lehrer hats gehört,
auch er war sehr empört.
Die Eltern kriegtens auch bald mit,
es wurden immer mehr.

5. Sie schrieben auf Papier:
Der Spielplatz, der bleibt hier!
Verteiltens in der ganzen Stadt,
damit man das kapiert.

6. Doch Krötzkopp, der blieb stur:
Was wolln die Leute nur?
Der Spielplatz, der wird weggemacht
ab Mittwoch, sieben Uhr.

Oft wird in den Städten das gebaut, was Leute mit viel Geld und viel Macht haben wollen, um noch mehr Geld zu verdienen: Kaufhäuser, Großgaragen und Wohnblöcke mit teuren Wohnungen. Dafür werden andere Häuser abgerissen, und ihre Bewohner müssen sich woanders eine Wohnung suchen. Wo Wohnblöcke, Parkhochhäuser u. a. gebaut werden, bleibt wenig Platz für anderes, z. B. für Spielplätze. Das merken besonders die Kinder.

7. Die Bauleut rückten an
im ersten Sonnenschein,
sie sahn viel' Leute und ein Schild:
Hier soll kein Bauplatz sein!

8. Der Maurer Emil Ott,
der kratzte sich am Kopp:
Auch wir ham schließlich Kinder und
wir machen erstmal stopp.

9. Doch dann auwei, auwei,
dann kam die Polizei,
der Hauptwachtmeister sagte streng,
daß dies nicht rechtens sei.

10. Die Polizei war stark,
kam mit zweihundert Mann.
Die Leute auf dem Spielplatz drauf,
die hielten fest zusammen.

11. Der Bürgermeister sprach:
Wir geben besser nach.
Herr Krötzkopp soll woanders baun
sonst gibts bei uns noch Krach.

12. Die großen und kleinen Leut,
was ham die sich gefreut!
Ein Krötzkopp setzt sich meistens durch,
doch die hams ihm gezeigt.

13. In Muckstadt hats geklappt,
sie setzten Krötzkopp matt
und zeigten vielen andren Leuten,
wie man so was macht.

Wie man sich gegen so etwas zusammenschließen und wehren kann, zeigt das Lied vom Herrn Krötzkopp. Sicherlich klappt so etwas in Wirklichkeit nicht so schnell und glatt wie in dem Lied. In vielen Städten werden sich die Krötzkopps nicht so schnell einschüchtern lassen. Da müssen andere Mittel und Wege gefunden werden, um die Rechte der Kinder durchzusetzen. Zu diesem Zweck haben sich in vielen Orten der Bundesrepublik Spielplatzaktionen gebildet. Für solche Aktionen wurde dieses Lied geschrieben.

Die Oma

2. Da läuft Herr Schlamm
ins Haus so schnell er kann.
Die Treppen rauf ditrippditrapp
und immer weiter klippdiklapp,
und endlich kommt Herr Schlamm
auch bei der Oma an.

3. Da sagt Herr Schlamm:
Die Leute hier sind dran,
denn alle müssen raus hier,
aus diesem alten Haus hier
und wer das nicht kapiert,
wird sehn, wohin das führt.

4. Doch da schau her,
die Oma, die schimpft sehr:
Mein Mann hat alles repariert,
Balkon und Küche renoviert.
Das Haus ist alt, was tut's?
Hier wohnt sichs doch sehr gut.

5. Da lief Herr Schlamm
sehr ärgerlich von dannen.
Er rief: Jetzt geh ich vor Gericht,
die Oma, die ist widerlich.
Das Haus gehört nur mir
mit Wand und Dach und Tür.

6. Da steht ein Haus,
da hängen Tücher raus.
Drauf steht: Wer dieses Haus zerstört
ist keinen roten Heller wert.
Herr Bürgermeister, hört,
dies Haus wird nicht zerstört!

7. Doch vor Gericht
gab man dem Reichen recht.
Das Haus ist ja sein Eigentum.
Er kann damit fast alles tun.
Die Mieter müssen raus
aus ihrem alten Haus.

8. Ein Stadtrat rief:
Die Sache, die läuft schief.
Stelln wir uns hinter das Gericht,
dann wählen uns die Leute nicht.
Die Mietersache ist
schon viel zu öffentlich.

9. Da steht ein Haus,
da gucken Leute raus.
Man konnt sie nicht vertreiben,
sie durften wohnen bleiben,
weil sie die eigne Sach
gemeinsam ham gemacht.

In den Bilderbüchern und Lesebuchgeschichten kommen immer ganz bestimmte Omas vor. Sie sind lieb, stricken Socken für die Enkel und erzählen manchmal Märchen. Selten hört man von einer Oma, die mehr als das macht. Aber vielleicht kennen einige von euch das Buch „Die Oma“ von Peter Härtling. Da wird nämlich gezeigt, daß eine Oma noch ganz andere Sachen machen kann. Und so ist es auch mit der Oma in diesem Lied.

Der Umzug

nur 1. Strophe
C G7
Der Hauswirt hat ge - kündigt, sprach zur Fa - mi - lie Bott: Ihr
C
habt zwar nicht ge - sün - digt, doch trotz - dem müßt ihr fort.
Refrain:
D A7
Mut - ter schleppt die Mö - bel auf den Wa - gen,
D
Va - ter muß die Wasch - ma - schi - ne tra - gen, 's Schwester -
G D A7 D
chen die gro - ße Gips - fi - gur und der klei - ne Ben - ja - min die
A7 D G7 C F
Bü - gel - ei - sen - schnur.
Wer nimmt schon ne Fa -
Dem Va - ter hängt die
Der Haus - be sit - zer
G C F G F (G7)
mi - lie, drei Kin - der und ein Hund?
Zun - ge raus, er läuft von Hinz zu Kunz. für ei - ne klei - ne
Krötzkopp der will vier - hun - dert Mark.
C G C
Woh - nung. Was soll man tun, man zahlt.
Refrain und jeweils ab

3. Das Haus, wo wir gewohnt ha'm,
das steht jetzt drei Jahr leer
und dann wird es kaputtgehaun
als ob es gar nichts wär.
Es soll da ein Bürohaus hin
mit 21 Stock.
Der Hausbesitzer fühlt sich stark
fast wie der liebe Gott.
Refrain

4. Doch das passiert uns nicht nochmal,
daß wir die Dummen sind.
Die Mutter sagt: Das muß doch gehn,
daß Mieter einig sind
und daß der Hausbesitzer nicht
von früh bis spät bestimmt.
Vom ersten bis zum letzten Stock
weht dann ein andrer Wind.
Refrain

Häufig werden auf Befehl der Hausbesitzer Häuser abgerissen, in denen die Mieter noch sehr gut wohnen können. Woanders müssen sie dann oft mehr Miete bezahlen und haben eine kleinere Wohnung. Dagegen kann sich ein einzelner kaum wehren. Erst, wenn sich die Mieter zusammentun, können sie für die Rettung ihrer Wohnungen etwas tun. In der Bundesrepublik gibt es schon eine ganze Reihe Mieterinitiativen. – Für alle, die von solchen Wohnproblemen betroffen sind, wurde dieses Lied geschrieben.

Einmal wollten die Kinder Fische fangen und über dem Feuer brutzeln. Zuerst haben sie lange überlegt, wo es Fische gibt. Und dann kam einer auf die Idee, zu den Fischteichen oben am Wald zu gehen. ,,Da gibt's ganz viele Fische! Die kann man einfach so mit der Hand fangen und braucht nicht mal 'ne Angel. Und da merkt auch keiner, wenn's ein paar Fische weniger sind. Der Mann, dem die Teiche gehören, der kommt höchstens sonntags mal her." Aber irgend jemand hat die Kinder verraten. Sie mußten zur Lehrerin kommen, und die hat gleich losgeschimpft. Die Kinder ließen die Köpfe hängen und dachten: Hoffentlich ist die Alte bald fertig. „Warum müßt ihr Lausebengel ausgerechnet aus den Fischteichen am Wald stehlen? Wißt ihr denn nicht, daß das Privatbesitz ist? Warum geht ihr nicht an den Fluß?" Doch da fiel ihr plötzlich ein, wie dreckig der Fluß ist. Im letzten Jahr waren ja im Fluß so viele Fische gestorben. Die Lehrerin wußte auf einmal nicht mehr, wie sie weiterschimpfen sollte. – Manchmal werden die Kinder auch nicht erwischt. Dann sehen sie selber, was los ist.

Der Fischteich

2. Verflixt nochmal, es steht ein Zaun
hoch um den Teich herum,
da hängt ein Schild: Betreten verboten!
Privateigentum!

3. Naja, dann gehn wir, hols der Teufel,
weiter an den Fluß,
wo es doch für uns alle
viele Fische geben muß.

4. Was sieht man denn im Fluß nur
so weiß und faulig blinken?
Die Fische treiben tot herum,
der Fluß tut furchtbar stinken.

5. Den großen Fluß zu reinigen,
das wäre viel zu teuer,
und der Verlust Direktor Brauns,
der wäre ungeheuer.

6. Wer sitzt im Amt für Umweltschutz?
Da sitzt Direktor Braun
und schützet seinen Fischteich
mit einem hohen Zaun.

7. Die Kinder schrieben an das Haus
von Direktor Braun:
Für uns wärs gut, der Zaun wär weg
und auch Direktor Braun.

Ein Schiff für Chile

2. Ein Schiff mit Matrosen und Steuermann,
Maschinisten und Kapitän.
Das soll mit seiner wertvollen Last
auf die weite Reise gehn.
Refrain:
Ein Schiff wird fahren nach Chile
weit über den Ozean.
Wir wolln es beladen zur guten Fahrt.
Helft alle mit und packt an!

3. In Chile, da nahmen die Militärs
den Kindern die Milch aus der Hand
und brachten Hunger, Armut und Not
über das ganze Land.

4. Viele Väter wurden dort arbeitslos,
und zur festlichen Weihnachtszeit,
da stand kein Stern und kein Geschenk
für die hungernden Kinder bereit.
Refrain

5. Kein Kind soll mehr sterben zur Weihnachtszeit
in Hütten aus Lehm und auf Stroh.
Es soll ein Schiff nach Chile fahrn,
soll fahrn gegen Hunger und Not.

6. Mit Nahrung und allem was nützlich ist
in feste Kisten verpackt.
Helft mit, daß das Schiff den Kindern von Chile
ein besseres Weihnachten macht.
Refrain

Dieses Lied wurde für die Aktion „Ein Schiff für Chile" geschrieben. In Chile herrscht seit dem Sturz des demokratisch gewählten Präsidenten Salvador Allende eine grausame Militärdiktatur, unter der auch die Kinder leiden müssen. Insbesondere für die Kinder der Armen wird unter dem gegenwärtigen Regime in Chile wenig getan. Sie bekommen zu wenig Kleidung, zu wenig Essen und zu wenig Medizin, wenn sie krank sind. Um diesen Kindern zu helfen, wurde Weihnachten 1976 auch in der Bundesrepublik eine große Sammlung für die Kinder in Chile durchgeführt. Von dem Ertrag dieser Sammlung wurde ein Schiff beladen und nach Chile geschickt. Das obenstehende Lied sollte mithelfen, diese Aktion zu erklären und möglichst viele Menschen auf sie aufmerksam zu machen.

Zum 1. Mai

Viele Leute bei uns fahren am ersten Mai ins Grüne, so als wäre es ein ganz normaler Feiertag. Dabei wird oft vergessen, daß der erste Mai als Feiertag von den Arbeitern und ihren Gewerkschaften mühsam erkämpft worden ist. Oft wurden nämlich die Demonstrationen für die Rechte der Arbeiter an diesem Tage blutig unterdrückt. Aber es wurde für die Herrschenden immer schwieriger, die Maidemonstrationen zu verhindern. Heutzutage finden Demonstrationen statt, auf denen z. B. gegen Arbeitslosigkeit und für soziale Gerechtigkeit demonstriert wird. Für solche Demonstrationen wurde das Lied vom 1. Mai geschrieben. Es soll mithelfen, Verständnis für diesen historischen Tag zu wecken.

2. Das kam nicht von alleine.
Den schönen 1. Mai,
den kämpften viele Arbeiter
zu ihrem Tage frei.

3. Sie zogen dann gemeinsam
durch manche graue Stadt,
damit von ihnen jeder
eine gute Zukunft hat.

4. Damit kein Mensch am Tage
zwölf Stunden Arbeit hat,
erkämpften sie gemeinsam
sich den Achtstundentag.

5. Doch die Fabrikherrn riefen
sehr oft die Polizei.
Und blutig war so mancher
vergangne 1. Mai.

6. Die Arbeiter von heute,
die kämpfen für mehr Lohn.
Der Streik ist ihre Tat dafür.
Das spürn die Herren schon.

7. Auch dafür, daß der Frieden
für uns gesichert sei.
Da stehn wir fest zusammen
am schönen 1. Mai.

8. In Warschau und in Stockholm,
in Helsinki und Rom,
in München und in Hamburg
ist Maidemonstration.

9. Das macht ihn so erfreulich,
den ersten Tag im Mai.
Und wer mit uns nach vorne blickt
ist feste mit dabei.

Frühlingslied

2. Was ist der Himmel blau!
Die Luft ist warm und weich.
Es kreischt der Eichelhäher
und quakt der Frosch im Teich.

3. Und laufen wir so weiter
durch Wiese, Wald und Hecke,
dann brauchen wir zum Ausruhn,
die sehr bequeme Decke.

4. Daß sich auch unsre Kehle
an etwas Nassem labe,
da gluckert schon die Flasche
mit Brauselimonade.

5. Auch Knackwurst wird gegrillt
und frisches Brot dabei.
Und alle machen mit
bei unsrer Schmauserei.

6. Doch daß man das so alles sieht,
riecht, schmeckt und fühlt und hört,
da darf kein Krieg im Lande sein,
der alles das zerstört.

7. Auch darf dem Mensch die Arbeit nicht
nur Hetz und Plage sein,
sonst hat er nichts von Blüten,
von Gras und Sonnenschein.

8. Im Frühling ist es schön.
Der Weg ist sonnenweit.
Es grünt und blüht - das schafft
uns große Heiterkeit.

Dieses Lied drückt Freude über den Frühling aus, so wie andere Frühlingslieder auch. Es zeigt aber auch, daß man den Frühling nur genießen kann, wenn Frieden im Land ist und wenn die Menschen eine Arbeit haben, die sie nicht abstumpfen läßt.

Der Esel

2. Der Tisch war weiß und leer.
Den Esel hungert sehr,
und plötzlich fängt er an zu schrein,
schon schreit er immer mehr.

3. Als das der Knüppel hört,
da fährt er aus dem Sack
und haut dem Esel eins aufs Maul,
damit er Ruhe hat.

4. Der Knüppel sagt: Du bist schon satt,
sonst wär der Tisch nicht leer.
Des Esels Nas ist rot und dick,
hat keinen Hunger mehr.

5. Er sagt, er möcht nichts essen,
weil er's nicht riechen kann.
Die Tiere schaun verwundert
den alten Esel an.

6. Es schlug der Knüppel so
schon manchem ins Gesicht
Paß auf, daß du den Sack erkennst,
sonst hat's dich auch erwischt.

Manche Menschen handeln so wie der Esel. Sie wissen, daß andere an ihnen verdienen, und trotzdem meinen sie: Eigentlich ist es besser, wenn man arm und genügsam ist und nicht dauernd etwas haben will. Sie sagen das, weil sie Angst vor den Mächtigen haben, und den Mächtigen gefällt das. Aber immer mehr Menschen überwinden ihre Angst und lernen, ihre Forderungen durchzusetzen. Sie lassen sich nicht einschüchtern wie der Esel.

Über dieses Buch

Obwohl der Autor genügend für sich selber spricht und ein Buch eines Interpreten kaum bedarf, füge ich doch gern noch einige persönliche und didaktische Bemerkungen an, dies um so lieber, als ich mit dem Fritz, der durch seine Kinderliederschallplatten unter dem Namen Fredrik zusammen mit Christiane bekannt geworden ist, fast befreundet bin und gern noch ein wenig mehr befreundet wäre.

Der Fritz macht ja nicht nur Schallplatten – seine (pläne-)Schallplatten „Der Fuchs", „Die Rübe" und „Der Spatz" sind schon fast zu legendären Beispielen des „neuen Kinderlieds" geworden; auch Filme, Schulfunksendungen. 1980 hat Fredrik sein erstes Kinderbuch geschrieben. Es heißt „Ich erzähle von Pedro" und enthält Geschichten, Märchen und Lieder aus Mexiko. Es ist im Middelhauve Verlag, Köln, erschienen. Die Spannweite seines Schaffens ist beträchtlich, das bringt auch dieses uns nun vorliegende Buch zum Ausdruck. Es beginnt mit harmlosen Späßen, wie sie Kinder brauchen und mögen (und Erwachsene genauso, wenn sie ihre Kindheit nicht verraten haben), vertonten Kinderreimen, Kinderliedern zum Mitmachen, Mitsingen, Weitersingen, in denen die Sprache mit sich selber spielt: „Ich kannte 'ne Tante..." Da wird getrampelt mit dem Trampeltier, geklatscht, geflüstert und gekitzelt in Klatschenbach, Flüsterbach und Kitzelstein, da wird singend-spielend mit dem Omnibus gefahren, gehüpft nach Hüpfenstein, geschrien in Schreiberg, gewackelt in Wackelhofen. Der Erfindung unendlicher Gelegenheiten zum Lachen, Husten, Küssen, Knuffen ist da keine Grenze gesetzt. Die Nähe: Das ist das Dorf mit seinen Bewohnern, das sind nicht zuletzt auch seine Tiere, da gibt es Gelegenheit zum Nachahmen von Tierstimmen, die dann auch noch vertauscht werden. Aber es wird auch ernster, wenn von der Arbeit die Rede ist: der Postbotin, des Maurers, des Bauern, der „seine Rößlein im Märzen anspannt" – einmal wie es jeder kennt, einmal aber auch so: „Im Märzen der Bauer den Traktor abschmiert". Das bringt auf eine weitere Fährte in Fredriks Liedern: die „Modernisierung" traditionellen „Liedguts" der Kinder in der Art, wie heute auch Märchen aktualisiert werden: „Hänschenklein" leidet unter der Schulmisere, der „Fuchs" stiehlt seine „Gans" völlig zu Recht, da auch er ein Lebensrecht hat. Politischer wird's dann, wenn für die von der Umweltzerstörung Betroffenen gedichtet und gesungen wird, wenn Besitzdenken und der Widerspruch zwischen „Kapital und Arbeit" und wenn Veränderungen unserer Welt angeprangert werden, die eindeutig nicht im Interesse ihrer Menschen liegen. Hier wird Traditionsgut nicht nur aktualisiert, sondern dem Kinderlied eine neue Dimension eröffnet – Ausbruch aus dem Getto des Kinderliedes im überkommenen Verständnis auch in dem Sinne, daß es sich zum Lied schlechthin öffnet. Ludwig XIV., der Säbelraßler Wilhelm Zwo und Nixon erweisen sich so als liedfähig. Besonders aber die sogenannte dritte Welt hat es Fredrik angetan, bevorzugt politische Brennpunkte wie Chile, Kuba und Vietnam. Solche Liederthemen haben bei uns durchaus Seltenheitswert – gelungene Experimente in der Volksliedsprache (wenn wir auch leicht vergessen, daß es das subversive Volkslied immer schon gegeben hat, es wurde nur unterdrückt und in der herrschenden Kultur nicht beachtet). Die „Kinder" und das „Volk" wurden ja, wie man heute weiß, einer durchaus vergleichbaren Unterdrükkung unterworfen. Mit solchem Wissen kann man darangehen, die Grenzen zwischen Kinder- und Volkslied einzureißen. Fredrik tut es. Kinder werden nicht mehr unter die Glasglocke gestellt, werden ernstgenommen; die konfliktträchtige Welt des Heute ist schließlich auch die Welt der Kinder. Salzböden und die Welt kurzgeschlossen. Fragt sich, was der heiter-verspielte Nonsens mit der politischen Dimension, wie sie in diesem Buch gegen Schluß hin mehr und mehr einfließt, gemeinsam hat. Es handelt sich nicht nur um eine Fredriksche Spannweite des Denkens und Arbeitens, sondern um die Kehrseite einer Medaille, das Moment des Utopischen, die Verwirklichung des menschlichen Lebenstraums vom Glück: „Im Jahre zweitausendneunzig, da leben alle gern auf unsrer runden Erde, dem guten alten Stern."

Fritz Vahle verstärkt diese Tendenz durch seine Zwischentexte: Bemerkungen und Informationen über andere Länder, über politische Verhältnisse, auf die er anspielt in seinen Liedern, über die Entstehungshintergründe der Lieder. Dies „Drum und Dran" macht das Buch auch zu einem didaktischen im guten Sinne. Die Illustrationen von Arend Aghte bewirken ein übriges. Die Lieder dienen nicht einer schwelgerischen Anwanderung des Bewußtseins in ein Reich weltabgewandter Phantasie, sondern dem Erkennen, nicht der Abdankung des Bewußtseins, sondern dessen Stärkung dem lustvollen Erkennen: erkennendes Vergnügen, vergnügliches Erkennen. Die Lust und die List in eins gesetzt. Entsprechend offen das Angebot: nicht als etwas Sakrosanktes, Fertiges, Abgeschlossenes, sondern als Anstoß zum Denken, zum Selber- und Weitermachen. Einige Beispiele kindlich-spontanen Aufgreifens solcher Anstöße finden sich in dem Buch. Da nimmt das Bild, das Fritz Vahle von den Kindern hat, Konturen an: Er will sie ermutigen zur Selbständigkeit, ihnen helfen, ihre „Schwäche" zu überwinden (die, wie bekannt, oft das Produkt künstlichen Kleingehaltenwerdens ist). Daher macht Vahle, wie auch der Illustrator, nicht halt vor dem „Obszönen" (schon der Ausdruck ist ja bezeichnend), in dem die Kinder sich Luft machen, ihre Fesseln sprengen und immer gesprengt haben. Unbefangen wird kindliche Sub- und Antipoesie aufgegriffen, die Kultur der Herrschenden konterkariert durch die subversive Poesie der Beherrschten. An dieser Stelle verbindet sich überzeugend das Politische mit dem Psychologischen: Das politisch „Anstößige" kommuniziert mit dem psychologisch-persönlich Anstoßerregenden auf eine gar nicht so untergründige Weise...

Das Kinderlied ist durch Fritz Vahle alias Fredrik in Bewegung gekommen, es wird zu einem Medium neuen kindlichen Selbstverständnisses. Dies ist auch der Grund, warum der Arbeitskreis Kinder – Bücher – Medien ROTER ELEFANT 1976 Christiane und Fredriks Kinderschallplatten einen seiner Preise verliehen hat. Hier liegen nun die Produktionen Vahles zum ersten Mal in Buchform vor und erweitern dadurch ihr potentielles Publikum. Nicht nur das: Es wurde dadurch möglich, den Entstehungszusammenhang dieser Texte und Lieder zu verdeutlichen und die Produktionen didaktisch fruchtbar zu machen. Mögen durch diese Veröffentlichung viele weitere große und kleine Fredriks entstehen.

Malte Dahrendorf

Mini-Gitarrenkurs

von Wolfgang Hering

Wie heißen die Gitarrensaiten, und wie werden sie gestimmt?

Die Gitarre hat sechs Saiten, die von der dicken (tiefen) Saite bis zur dünnsten (hohen) Saite folgende Namen haben: E, A, d, g, h, e. Gezählt wird aber umgekehrt, die e-Saite ist also die 1. Saite, die h-Saite die 2. Saite, die g-Saite die 3. Saite ... die E-Saite die 6. Saite.

Wenn wir uns das Griffbrett von oben anschauen, sieht das so aus:

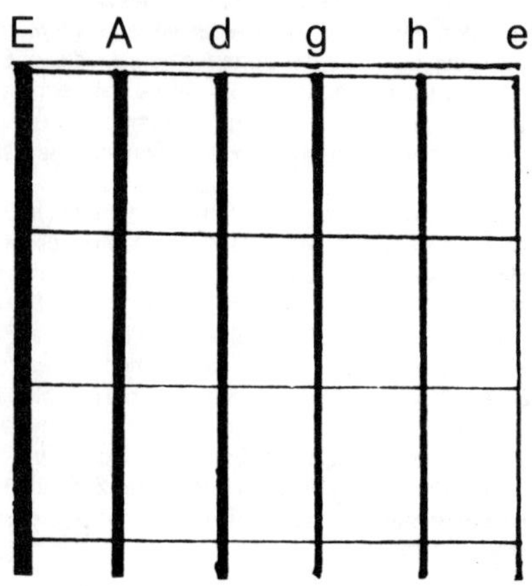

Wenn wir die Gitarre stimmen wollen, so können wir ein Stimmpfeifchen benutzen. Eine andere Möglichkeit besteht darin, von der dicken E-Saite auszugehen und im 5. Bund die A-Saite zu stimmen. Die übrigen Saiten werden jeweils auch so gestimmt, bis auf eine Ausnahme: die h-Saite wird im 4. Bund auf der g-Saite gestimmt. Immer zwei Saiten werden also miteinander verglichen. Hier noch mal die Stellen auf dem Griffbrett, an denen gestimmt wird:

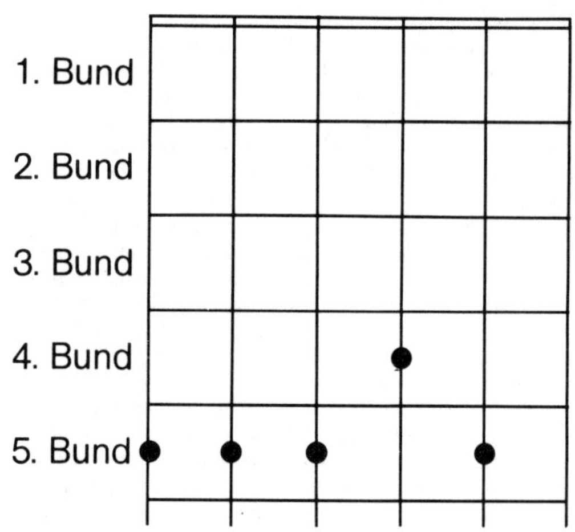

Wie spielen wir eine Tonleiter?

Die Töne, die wir mit den sechs Saiten erzeugen können, kann man auf dem folgenden Griffbrett ablesen. Solche Töne, die keine Vorzeichen haben (auf dem Klavier die weißen Tasten), sind durch die schwarzen Punkte hervorgehoben. Links neben den Punkten steht der Name für den entsprechenden Ton. Wenn wir beim C anfangen und die Töne ohne Vorzeichen spielen, erhalten wir die C-Dur-Tonleiter. Die Saiten sollten nahe am Bundstäbchen mit steil aufgestellten Fingern gedrückt werden. (Mit kurzen Fingernägeln greift es sich besser!)

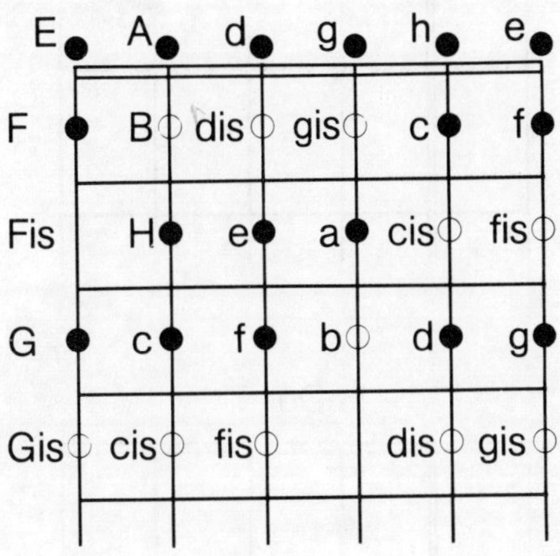

Wenn möglich, sollen die Töne im 1. Bund mit dem Zeigefinger, im 2. Bund mit dem Mittelfinger und im 3. Bund mit dem Ringfinger der linken Hand gegriffen werden.

Welche Griffe brauchen wir?

Aus den folgenden Grifftabellen lassen sich die Fingerstellungen für das Spielen einzelner Akkorde ablesen. Die Zahlen zeigen uns, mit welchem Finger gegriffen werden muß.

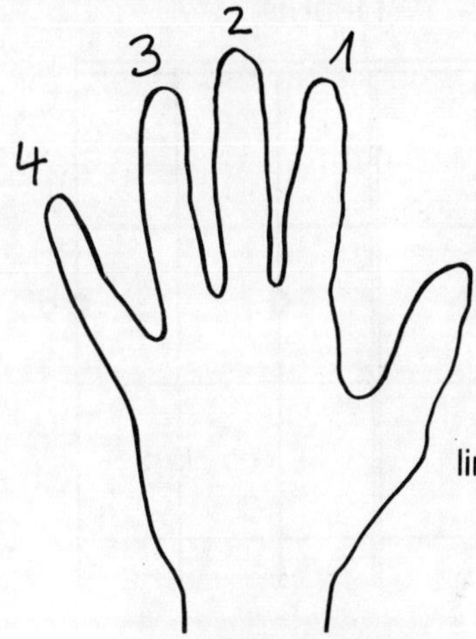

linke Hand

Dabei bedeuten:
Zeigefinger = 1
Mittelfinger = 2
Ringfinger = 3
Kleiner Finger = 4

Die doppelte Linie gibt an, welche Saite als Grundton klingt. Das ist besonders für die Liedbegleitung wichtig. Ein Hinweis noch: Dur-Tonarten werden groß geschrieben, Moll-Tonarten klein.

C-Dur

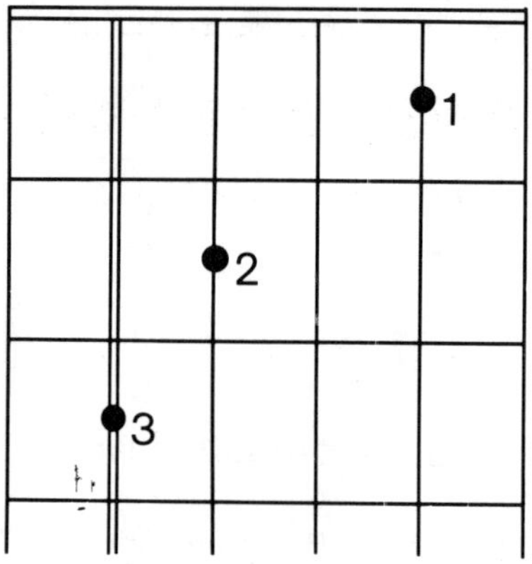

G-Dur 7

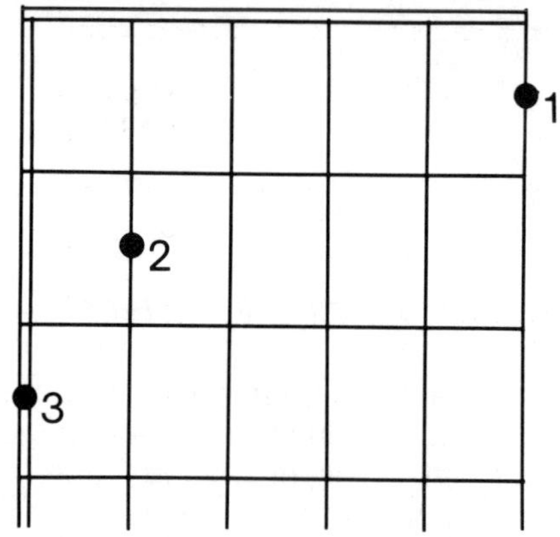

D-Dur

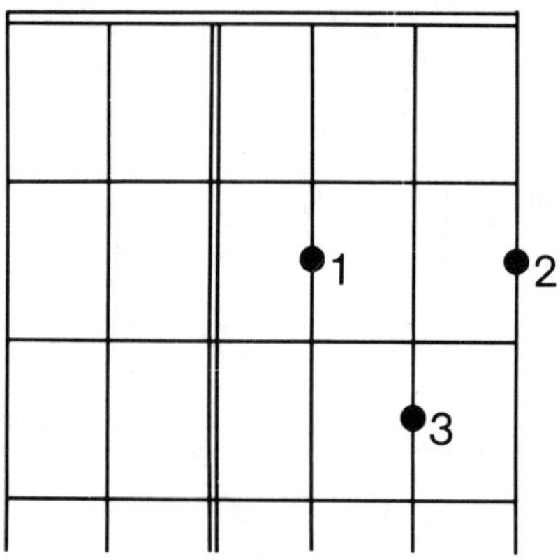

A-Dur

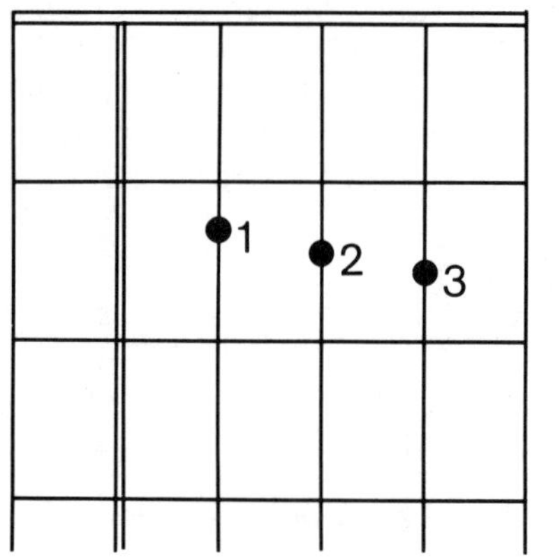

E-Dur

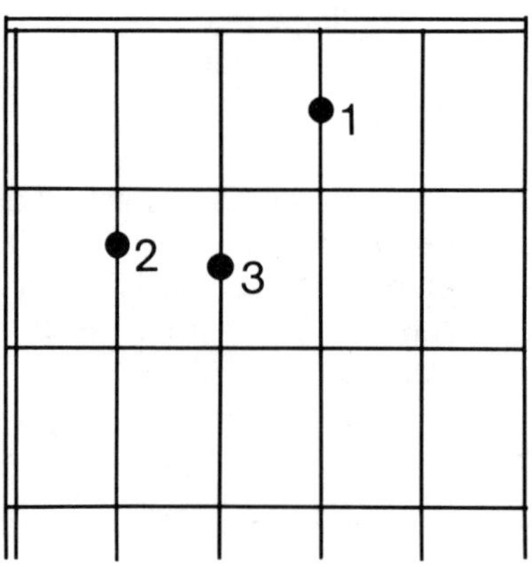

H-Dur 7

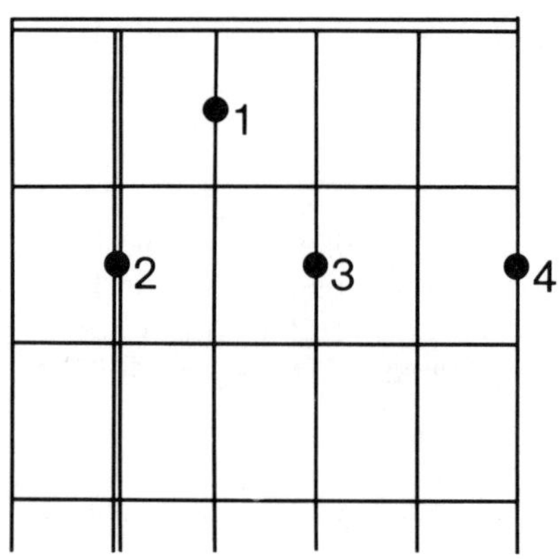

F-Dur

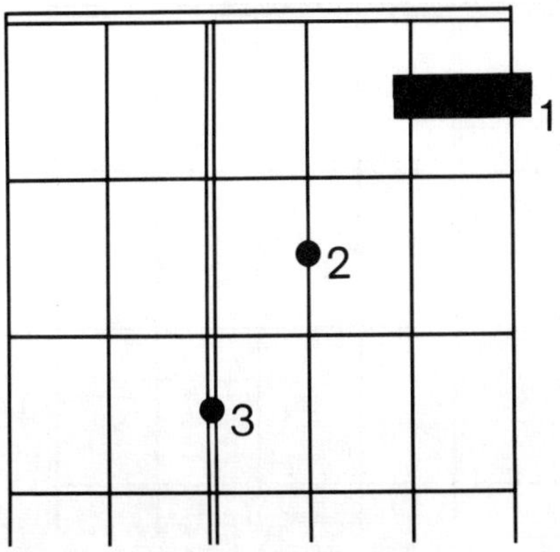

B-Dur 7

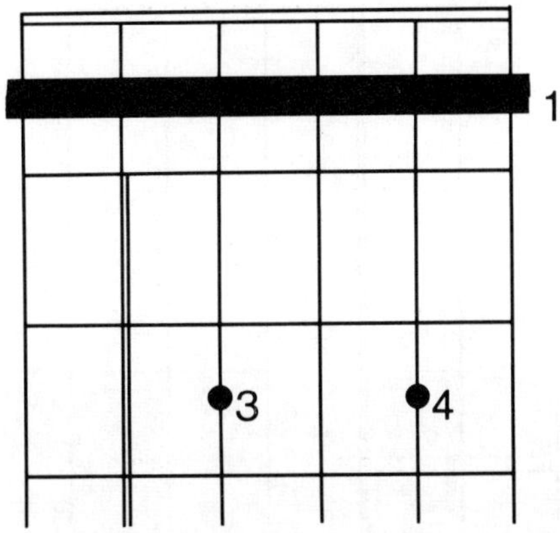

a-Moll

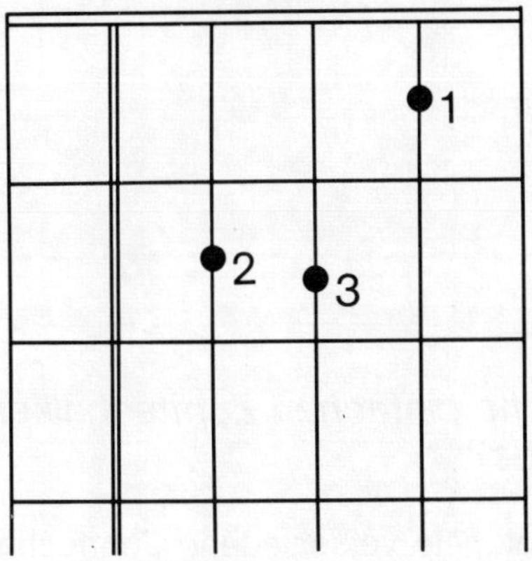

e-Moll

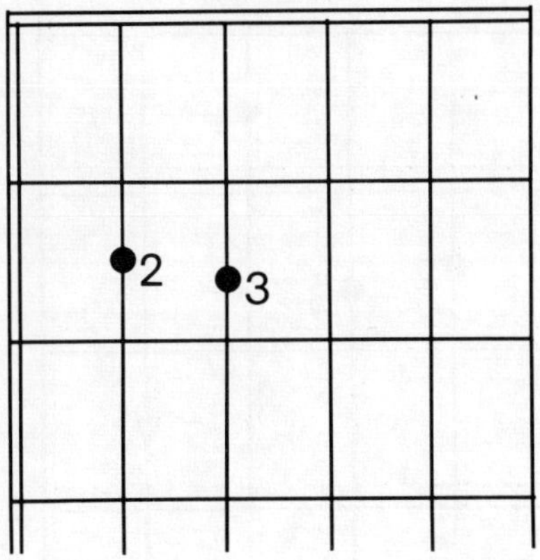

d-Moll

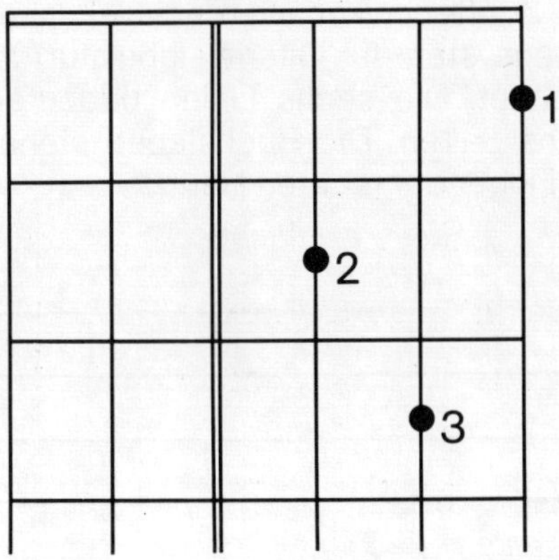

G-Dur

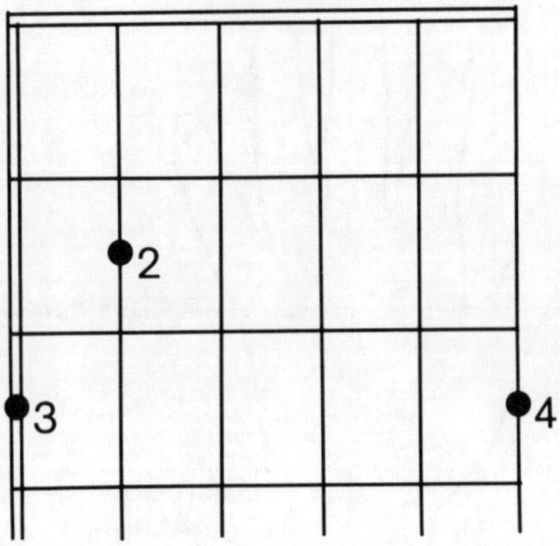

D-Dur 7

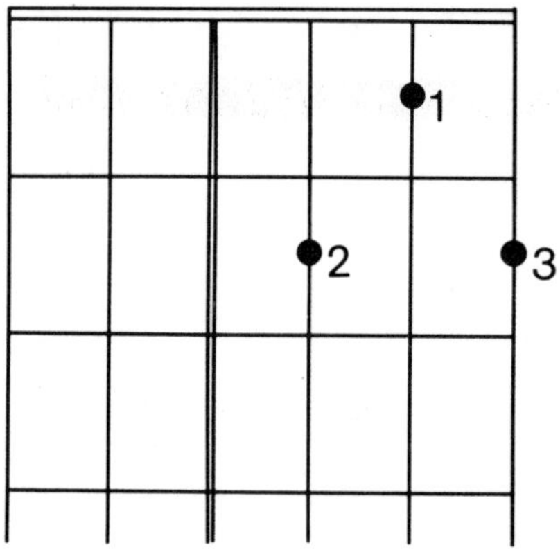

A-Dur 7

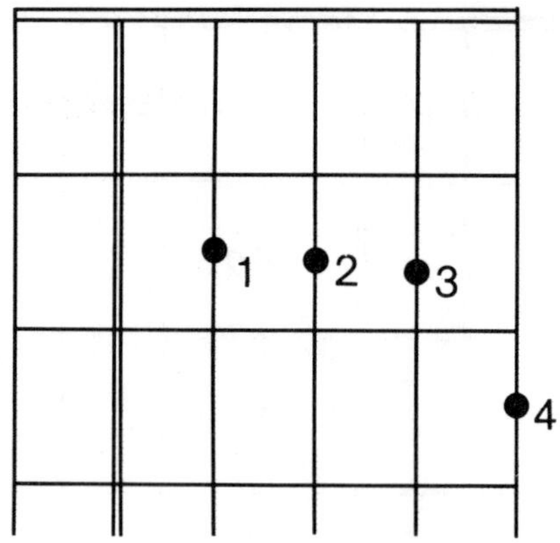

E-Dur 7

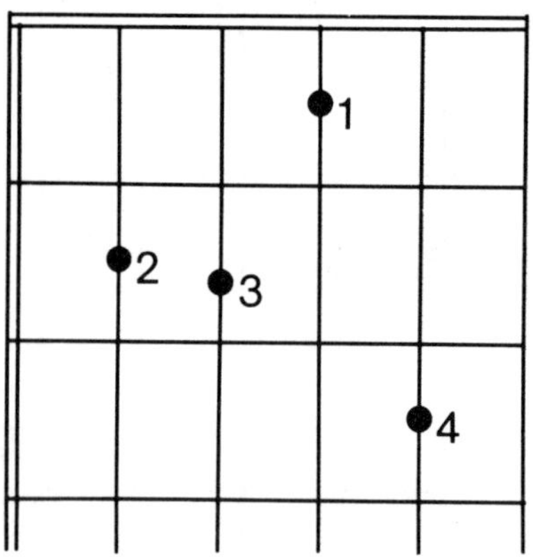

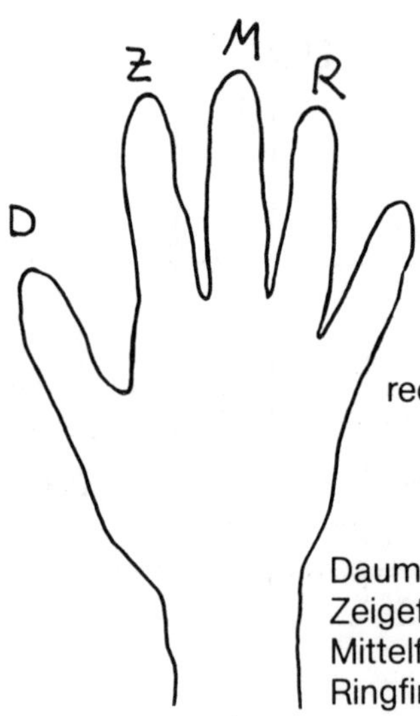

rechte Hand

Daumen = D
Zeigefinger = Z
Mittelfinger = M
Ringfinger = R

Welche einfachen Zupftechniken gibt es?

Es gibt viele verschiedene Zupftechniken. Hier sollen jedoch nur einige vorgestellt werden, die für die Liedbegleitung, für die verschiedenen Takt- und Tempoarten der Lieder, besonders geeignet sind.
Die Zupftechniken werden hier in einem Saitensystem für Gitarre (Tabulatur) aufgezeichnet. Die sechs Linien bedeuten die sechs Saiten. Die Buchstaben stehen für die Finger der rechten Hand:

1. Grundzupfart für 2/4- und 4/4-Takt

Dazu wird der Daumen auf die Baßsaite gelegt, die als Grundton klingt. (Bei A-Dur z. B. die fünfte Saite). Der Grundton ist jeweils mit einer Doppellinie gekennzeichnet. Die anderen Finger der rechten Hand liegen wie folgt an den Saiten:
- der Zeigefinger an der g-Saite
- der Mittelfinger an der h-Saite
- der Ringfinger an der hohen e-Saite

Abwechselnd werden nun Daumen und die restlichen Finger eingesetzt.

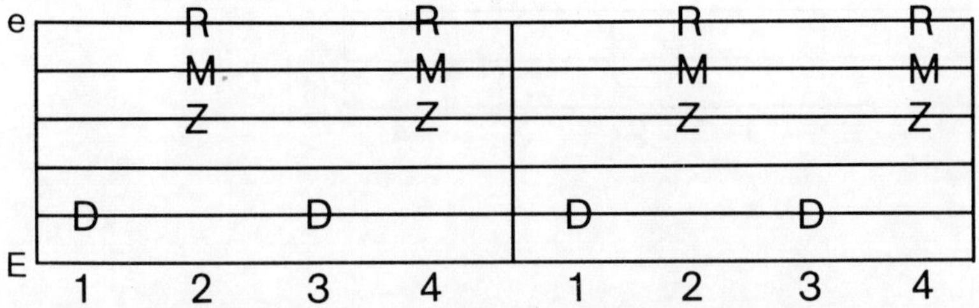

LIEDBEISPIEL:
Der Hühnerhof

Spielen wir noch andere Baßseiten außer dem Grundton, erhalten wir einen Wechselbaß. Am Taktanfang fängt man mit dem Grundton an.

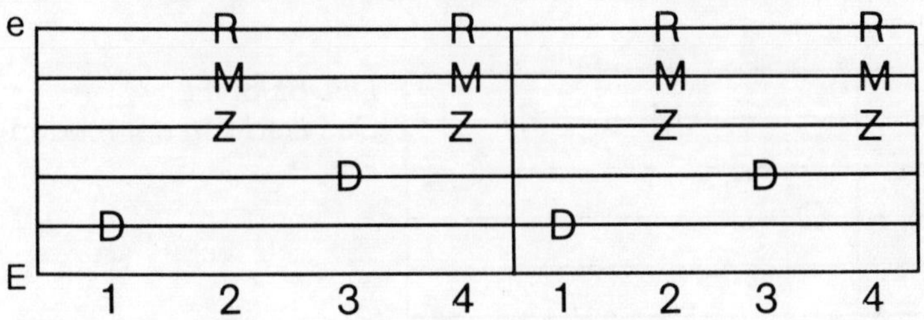

LIEDBEISPIEL:
Der Cowboy Jim aus Texas
Frosch und Maus

Beide Zupftechniken sind für etwas schnellere Lieder geeignet.

2. *„Walzer"schlag für 3/4- und 6/8-Takt*

Diese Zupftechnik ist geeignet für schnellere Lieder im Dreiertakt. Wird ein Griff mehrere Takte gespielt, so kann auch der Baßton gewechselt werden.

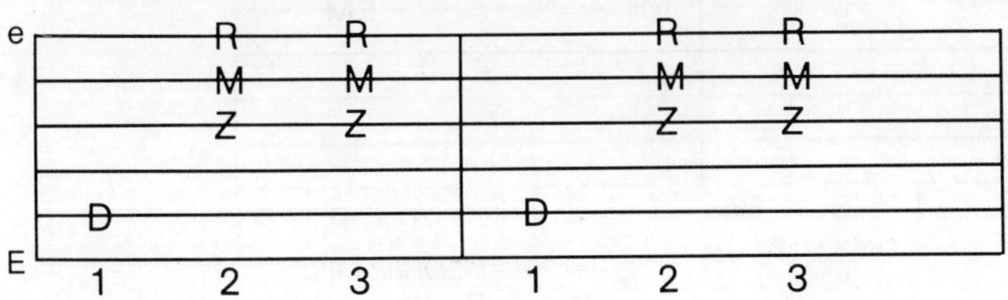

LIEDBEISPIEL:
Der Hühnerhof

3. *Aufgelöste Zupftechniken für 2/4- und 4/4-Takt*

Zur Begleitung von etwas langsameren Liedern sind die aufgelösten Zupftechniken besser geeignet. Die Finger werden jetzt nacheinander eingesetzt. Der Baßton kann wieder gewechselt werden.

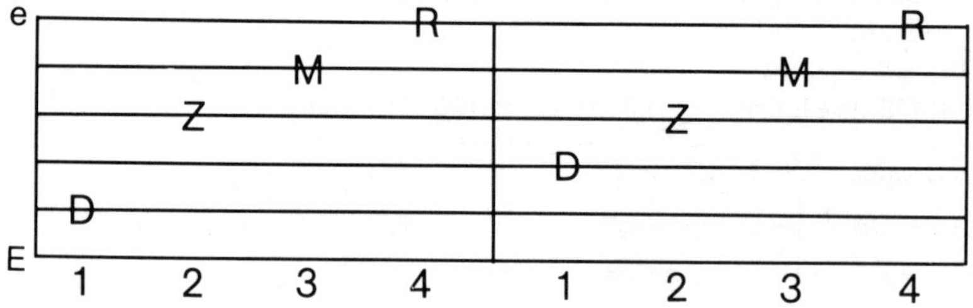

LIEDBEISPIEL:
Die Katze Musulunga

4. *Aufgelöste Zupftechniken für 3/4- und 6/8-Takt*

So kann ebenfalls im Dreiertakt begleitet werden. Es kommen einfach noch zwei Töne hinzu.

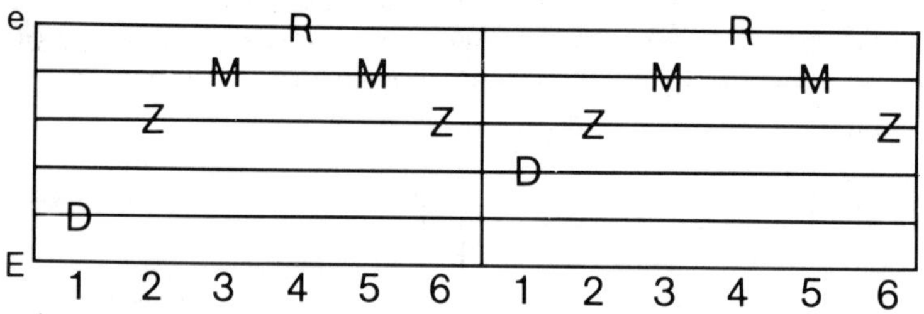

LIEDBEISPIEL:
Das Lied von der müden Fliege

5. *Aufgelöste Zupftechniken mit zweistimmigem Spiel für 2/4- und 4/4-Takt*

Wenn wir zusätzlich zu den Baßtönen noch Töne spielen, erhalten wir noch interessantere Zupftechniken, z. B. die folgende:

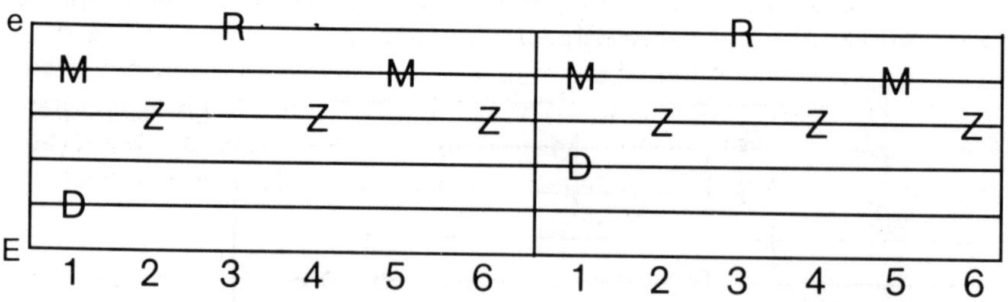

LIEDBEISPIEL:
Die Weltraumfahrt

6. Aufgelöste Zupftechniken mit zweistimmigem Spiel für 3/4- und 6/8-Takt

So ähnlich kann auch im Dreiertakt auf diese Weise begleitet werden.

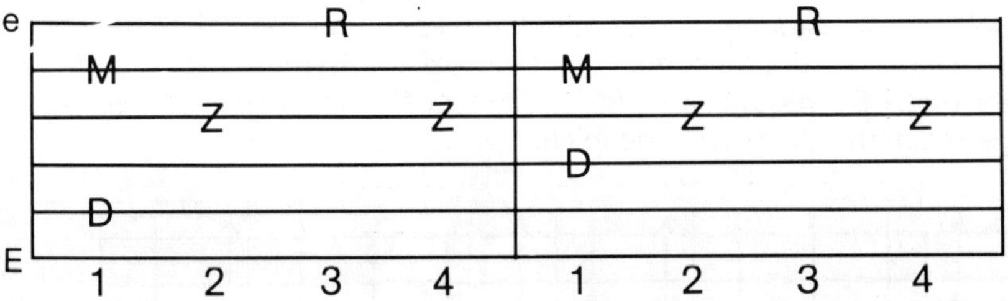

LIEDBEISPIEL: Kaninchenlied

Welche einfachen Schlagtechniken gibt es?

Bei der Liedbegleitung mit der Gitarre erweist es sich oft als sinnvoll, z. B. beim Spielen vor größeren Gruppen, bestimmte Schlagtechniken anzuwenden. Im folgenden sollen einige dieser Möglichkeiten dargestellt werden. Zu beachten ist, daß es beim Schlagen keine so festen Regeln gibt wie beim Zupfen. Jeder Spieler entwickelt mit der Zeit seinen eigenen Stil. Deswegen können dies auch nur Anregungen sein.

Erklärung der wichtigsten Zeichen:

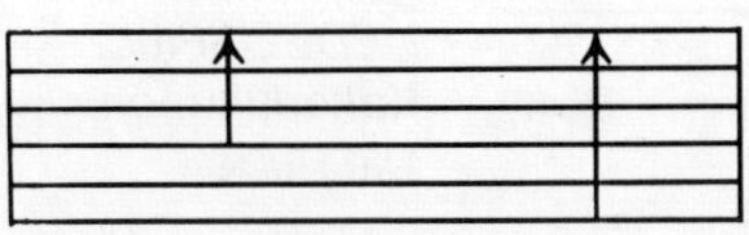

Schlag von oben nach unten, d. h. mit den Baßsaiten beginnend (Abwärtsschlag).

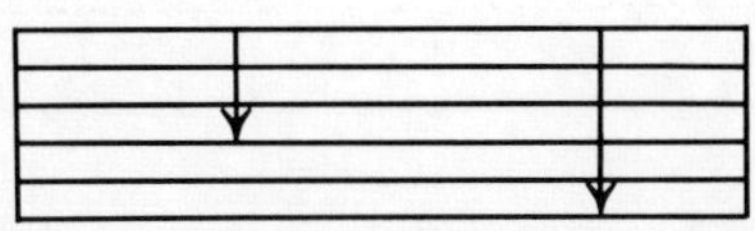

Schlag von unten nach oben, d. h. mit den Baßsaiten aufhörend (Aufwärtsschlag).

Die Schläge werden mit Pfeilen wieder im Tabulatursystem notiert. Durch die Länge der Pfeile wird die Stärke des Schlages dargestellt. Werden Schläge doppelt so schnell ausgeführt, wird dies durch Balken unter den Pfeilen gekennzeichnet. In der Praxis werden meist die Abwärtsschläge mit den Fingern und die Aufwärtsschläge mit dem Daumen angeschlagen. Dies geschieht jeweils mitt den Nägeln; dadurch wird der Schlag lauter und akzentuierter. Der Abwärtsschlag kann mit dem Zeigefinger allein oder zusammen mit Mittelfinger und Ringfinger gemacht werden.

Umgekehrt kann der Daumen auch zum Abwärtsschlag und die restlichen Finger zum Aufwärtsschlag benutzt werden. Bei dieser Kombination werden die Saiten eher gedämpft angeschlagen. Wir wollen uns hier für die erste Kategorie entscheiden, da diese Schlagtechniken mehr Möglichkeiten bieten.

1. Einfacher Grundschlag mit normaler Taktbetonung

Wir gehen bei dieser Art von Schlagtechniken von einer Grundbewegung aus: abwärts – aufwärts – abwärts – aufwärts – etc. Jede Achtelposition in einem 4/4-Takt ist mit einer Bewegung besetzt. Bei jeder Bewegung ('runter oder 'rauf) kann über die Saiten geschlagen werden oder nicht. Dadurch können schon sehr komplizierte rhythmische Strukturen entstehen. Wir wollen diese Bewegung im 4/4-Takt zunächst einmal ganz ausspielen, d. h., alle acht Schläge in einem Takt werden gespielt.

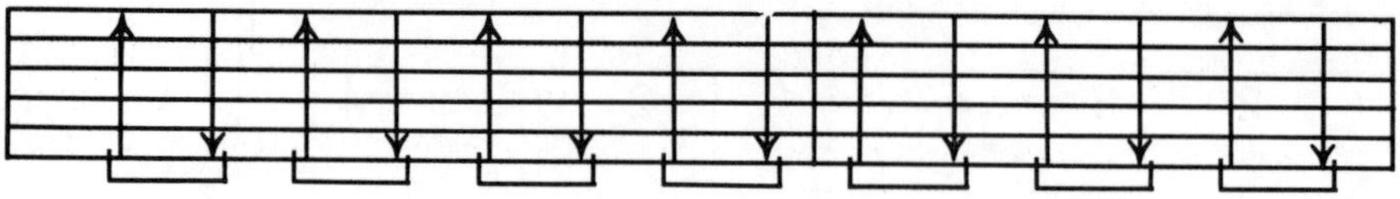

Zählwerte: 1 und 2 und 3 und 4 und 1 und 2 und 3 und so weiter.

Normalerweise sind die Abwärtsschläge jeweils betonter als der Aufwärtsschlag mit dem Daumen. Der Schlag auf 1 ist am betontesten. Die Grundbewegung ('runter – 'rauf) bleibt auch dann gleich, wenn jetzt einzelne Schläge weggelassen werden sollen.
Eine einfache rhythmische Begleitung ist die Reihenfolge: Viertelnote + zwei Achtelnoten, d. h., jeder zweite Aufwärtsschlag mit dem Daumen wird weggelassen. Diese Begleitung ist für etwas langsamere Stücke mit geraden Takten geeignet.

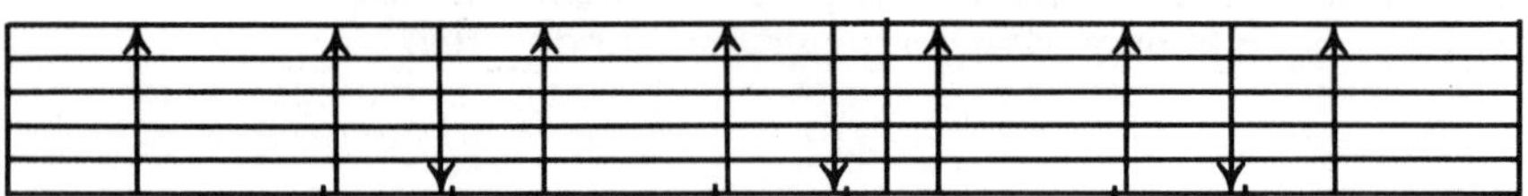

1 2 u. 3 4 u. 1 2 u. 3 usw.

LIEDBEISPIEL:
Kakadukanon;
Die Rübe

Analog zum 4/4-Takt kann man auch im 3/4-Takt von einer Grundbewegung ausgehen. Jeder Viertelschlag kann verdoppelt werden bzw. jeder Achtelschlag gespielt oder ausgelassen werden.
Eine einfache Variante sei hier angeführt:

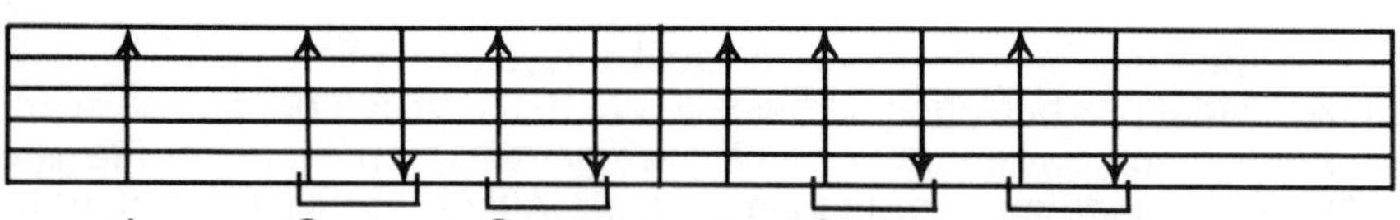

1 2 u. 3 u. 1 2 u. 3 u.

2. Einfache Off-Beat-Begleitung

Bei dem bisher behandelten Grundschlag werden schwerpunktmäßig die in den verschiedenen Takten dominanten Zählwerte betont (im 4/4-Takt 1 und 3, im 3/4-Takt die 1). Betone ich die sonst unbetonten Taktteile (also z. B. 2 und 4 im 4/4-Takt), d. h., verschiebe ich die Akzentstufen, so erhalte ich eine einfache sogenannte Off-Beat-Begleitung, die insbesondere für schnellere Stücke und Lieder geeignet ist. Es gibt eine Reihe Varianten dieser Spielweise, von denen hier zwei vorgestellt werden sollen:

1. Eine erste Möglichkeit besteht darin, daß nur mit Abwärtsschlägen jeweils ein Schlag über die Baßsaiten und dann über die gesamten Saiten gespielt wird. Dadurch wird jeweils der zweite Schlag betont und verstärkt, um dann eine Spannung zum Text zu erzeugen. Diese Technik kann auf viele Popsongs oder schnelle Lieder angewandt werden (z. B. Obladi Oblada, What shall we do with the drunken sailor?).

LIEDBEISPIEL: Omnibuslied

Variiert werden kann diese Spielweise, indem zwischen den Abwärtsschlägen auch noch zurückgespielt werden kann, ohne jedoch die Grundbetonung zu verändern:

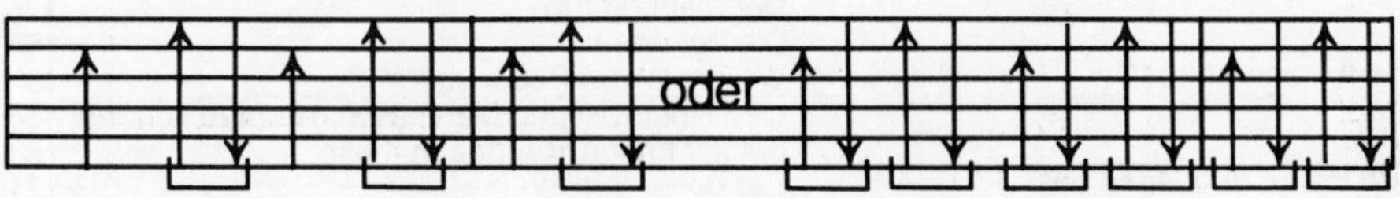

2. Die zweite Möglichkeit ist: Baßton + betontem Abwärtsschlag.

LIEDBEISPIEL: Schweinelied; Der Hase Augustin

Welche Dämpfungstechniken gibt es?

Zwei Dämpfungstechniken können die vorgestellten Schlagtechniken noch interessanter machen (es gibt noch andere):
1. Mit der linken Hand: Druck der Finger sofort nach dem Anschlagen lösen. Diese Dämpfungstechnik ist nur bei Griffen mit vielen aufgestellten Fingern sinnvoll, z. B. Barré-Griffe.
2. Mit der rechten Hand: Dämpfung eines Abwärtsschlages sofort nach dem Anschlagen durch Drehung der Hand und Auflegung des Handballens, d. h., der Hinterrücken vom Daumen liegt dann auf den Saiten, der Aufwärtsschlag kann dann sofort mit dem Daumen geschehen. Diese Technik wird meist nur bei Achtelschlägen benutzt, weil sonst das Ganze zu abgehackt klingt.

Inhalt

Lieder
mit Anmerkungen

1. Seht mal, wer da rennt
Einfache Lieder zum Mitmachen und Mitsingen

Tierverse 6
Känguruhverse 7
Kitzelsteinlied 8
Omnibuslied 10
Hier sitz ich in meinem Haus 15
Papa Schlapp 17
Schweinelied 19
Der Hühnerhof 21
Kakadukanon 25
Das Rätseltier 26
Der Hase Augustin 28
Kaninchenlied 32
Der Cowboy Jim aus Texas 34
Unsre Lassy ist der Struppi 38
Hau-mich-nicht-Lied 40
Wenn die Liebe nicht wär' 41
Meine Oma fährt im Hühnerstall Motorrad 42
Das schnelle Lied 44
Das Würmchen 48
Spatzenlied 51
Unser Haus 53
Heimatlied 56
Dracula 58
Der Elefant auf dem Spinnennetz 60

2. Der Frosch zog Hemd und Hose an . . .
Spiellieder

Frosch und Maus 66
Die Rübe 70
Das Radieschen 76
Die Katze Musulunga 78
Lütt Matten der Has' 82
Das kleine bunte Trampeltier 85

3. Es war einmal eine müde Fliege . . .
Erzähllieder

Das Lied von der müden Fliege 90
Das kurze Lied vom kleinen Heinz Becker 93
Die Zwerge 94
Die zwei Flöhe 96
Dunkel war's, der Mond schien helle 98
Jodelwurm und Trillerfloh 100
Die Tante 102
Lied vom Baumwollkäfer 105
Ein Fisch mit Namen Fasch 108
Der Fuchs 110
Hase und Igel 114
Die Graugans 116
Die Krähe 120
Der Spatz 122
Joe Crowdy 125
Ritter Klipp von Klappersbach 127
Der Monarch 130
Der Säbelkaiser 132
Der Herr Nixon 134
Die Geschichte von To 138
Der Rattenfänger von Hameln 140
Die Weltraumfahrt 144

4. Helle Räume, kleine Klassen . . .
Lieder von der Schule und von der Arbeit

Häns'chen klein in der Schule 148
Schulverse 151
Das Lied von der kleinen Klasse 152
Was hat der Lehrer heut' gesagt 154
Der Maurer Otto 156
Die Postfrau 160
Warum ist der Bauer sauer? 162
Lied einer rostigen Mähmaschine am Ackerrand 166
Bäcker Emich, Kaufmann Klose 168
Der böse Wunsch 171
Der Vater ist die Arbeit los 172

5. Der Hauswirt hat gekündigt . . .
Lieder von Arm und Reich

Was ein Kind braucht 176
Pu Pam und Pam Pu 178
Herr Krötzkopp wollte bauen 180
Die Oma 182
Der Umzug 184
Der Fischteich 187
Ein Schiff für Chile 188
Zum 1. Mai 190
Frühlingslied 192
Der Esel 194

Spiele

Das Reisespiel 12
Das Hier-sitz-ich-in-meinem-Haus-Spiel 16
Das Hase-Augustin-Spiel 30
Das Elefantenspiel 61
Das Frosch-und-Maus-Spiel 68
Das Rübenspiel 73
Das Rübenschauspiel 74
Das Musulungaspiel 81
Das Lütt-Matten-Spiel 84
Das Trampeltierspiel 88

Bastelanleitungen

Ich wollt, ich wär ein Huhn
wie Ihr Euch mit wenigen Mitteln in ein Tier verwandeln könnt 64
Rübenkostüme 73
Trampeltierkostüme 87

Dialoge

Spatz und Augustin 31
Polizist und Trampeltier 87

Kleine Texte

Paules Ecke 70
Der Mann und das Tier 113
Der Fischteich 186

Texte von Kindern

Lied auf den Schulbusfahrer 14
Cowboy-Jim-Strophen 36
PKW und LKW 45
Dracula 58
Neues Ende vom Tantenlied 104
Tag eines Schülers 158

Nachwort 195
Gitarrenkurs 196
Quellen 208

Folgende Platten von Fredrik Vahle können beim Verlag „pläne" GmbH bestellt werden:

Christiane & Fredrik, Die Rübe
Best.-Nr. 20900
MC Best.-Nr. 900

Christiane & Fredrik, Der Fuchs
Best.-Nr. 20902
MC Best.-Nr. 9902

Christiane & Fredrik, Der Spatz
Best.-Nr. 0098
MC Best.-Nr. 3480

Liederspatz Plakat
Best.-Nr. 99746

Quellen

Einfache Lieder zum Mitmachen und Mitsingen:
S. 6: Tierverse; Text: A. Agthe, Musik: trad. S. 7: Känguruhverse; Text: F. Vahle. S. 8: Kitzelsteinlied; Text: F. Vahle, Musik: F. Vahle. S. 10: Omnibuslied; Text: F. Vahle, Musik: W. Guthrie. S. 15: Hier sitz ich in meinem Haus; Text: F. Vahle, Musik: F. Vahle. S. 17: Papa Schlapp; Text: F. Vahle, Musik: F. Vahle. S. 19: Schweinelied; Text: trad./F. Vahle, Musik: trad. S. 21: Der Hühnerhof; Text: F. Vahle, Musik: trad. S. 25: Kakadukanon; Text: F. Vahle/W. Hering, Musik: trad. S. 26: Das Rätseltier; Text: F. Vahle, Musik: J. Kaboth. S. 28: Der Hase Augustin; Text: F. Vahle, Musik: M. Theodorakis. S. 32: Kaninchenlied; Text: Eliran/F. Vahle, Musik: Eliran. S. 34: Der Cowboy Jim aus Texas; Text: F. Vahle, Musik: F. Vahle. S. 38: Unsre Lassy ist der Struppi; Text: F. Vahle, Musik: F. Vahle. S. 40: Hau-mich-nicht-Lied; Text: F. Vahle, Musik: F. Vahle. S. 41: Wenn die Liebe nicht wär; Text: trad., Musik: trad. S. 42: Meine Oma fährt im Hühnerstall Motorrad; Text: trad., Musik: trad. S. 44: Das schnelle Lied; Text: F. Vahle, Musik: F. Vahle. S. 48: Das Würmchen; Text: trad./F. Vahle, Musik: F. Vahle. S. 51: Spatzenlied; Text: trad./F. Vahle, Musik: F. Vahle. S. 53: Unser Haus; Text: F. Vahle, Musik: F. Vahle. S. 56: Heimatlied; Text: F. Vahle, Musik: F. Vahle. S. 58: Dracula; Text: trad., Musik: trad. S. 60: Der Elefant und das Spinnennetz; Text: trad./F. Vahle, Musik: trad.

Spiellieder:
S. 66: Frosch und Maus; Text: F. Vahle, Musik: trad. S. 70: Die Rübe; Text: F. Vahle, Musik: F. Vahle. S. 76: Das Radieschen; Text: F. Vahle, Musik: trad./F. Vahle. S. 78: Die Katze Musulunga; Text: D. Alvarez-Concepcion/F. Vahle, Musik: D. Alvarez-Concepcion. S. 82: Lütt Matten der Has'; Text: K. Groth, A. Agthe/F. Vahle, Musik: trad. S. 85: Das kleine bunte Trampeltier; Text: F. Vahle, Musik: F. Vahle.

Erzähllieder:
S. 90: Das Lied von der müden Fliege; Text: F. Vahle, Musik: F. Vahle. S. 93: Das kurze Lied vom kleinen Heinz Becker; Text: F. Vahle, Musik: F. Vahle. S. 94: Die Zwerge; Text: trad./F. Vahle, Musik: F. Vahle. S. 96: Die zwei Flöhe; Text: F. Vahle, Musik: F. Vahle. S. 98: Dunkel war's der Mond schien helle; Text: trad., Musik: trad. S. 100: Jodelwurm und Trillerfloh; Text: F. Vahle, Musik: J. Kaboth. S. 102: Die Tante; Text: trad./F. Vahle, Musik: trad. S. 105: Lied vom Baumwollkäfer; Text: trad./F. Vahle, Musik: trad. S. 108: Ein Fisch mit Namen Fasch; Text: B. Brecht. S. 110: Der Fuchs; Text: F. Vahle/trad., Musik: trad. S. 114: Hase und Igel; Text: F. Vahle, Musik: M. Theodorakis. S. 116: Die Graugans; Text: trad./F. Vahle, Musik: trad. S. 120: Die Krähe; Text: trad./F. Vahle, Musik: trad. S. 122: Der Spatz; Text: F. Vahle, Musik: F. Vahle. S. 125: Joe Crowdy; Text: F. Vahle, Musik: J. Kaboth/F. Vahle. S. 127: Ritter Klipp von Klapperbach. S. 130: Der Monarch; Text: P. Hacks, Musik: F. Vahle. S. 132: Der Säbelkaiser; Text: P. Hacks, Musik: trad./F. Vahle. S. 134: Der Herr Nixon; Text: F. Vahle, Musik: F. Vahle. S. 138: Die Geschichte von To; Text: F. Vahle. S. 140: Der Rattenfänger von Hameln; Text: F. Vahle, Musik: F. Vahle. S. 144: Die Weltraumfahrt; Text: F. Vahle, Musik: F. Vahle.

Lieder von der Schule und der Arbeit:
S. 148: Hänschen klein in der Schule; Text: F. Vahle, Musik: trad. S. 151: Schulverse; Text: trad./F. Vahle, Musik: trad. S. 152: Das Lied von der kleinen Klasse; Text: F. Vahle, Musik: M. Theodorakis. S. 154: Was hat der Lehrer heut' gesagt; Text: F. Vahle, Musik: T. Paxton. S. 156: Der Maurer Otto; Text: F. Vahle, Musik: trad. S. 160: Die Postfrau; Text: F. Vahle, Musik: M. Theodorakis. S. 162: Warum ist der Bauer sauer; Text: F. Vahle, Musik: trad. S. 166: Lied einer rostigen Mähmaschine am Ackerrand; Text: F. Vahle. S. 168: Bäcker Emich, Kaufmann Klose; Text: F. Vahle, Musik: F. Vahle. S. 171: Der böse Wunsch; Text: F. Vahle. S. 172: Der Vater ist die Arbeit los; Text: P. Maiwald, Musik: F. Vahle.

Lieder von Arm und Reich:
S. 176: Was ein Kind braucht; Text: P. Maiwald, Musik: F. Vahle. S. 178: Pu Pam und Pam Pu; Text: F. Vahle, Musik: F. Vahle. S. 180: Herr Krötzkopp wollte bauen; Text: F. Vahle, Musik: trad. S. 182: Die Oma; Text: F. Vahle, Musik: F. Vahle. S. 184: Der Umzug; Text: trad./F. Vahle, Musik: trad./F. Vahle. S. 187: Der Fischteich; Text: F. Vahle, Musik: trad. S. 188: Ein Schiff für Chile; Text: F. Vahle, Musik: F. Vahle. S. 190: Zum 1. Mai; Text: F. Vahle, Musik: F. Vahle. S. 192: Frühlingslied; Text: F. Vahle, Musik: F. Vahle. S. 194: Der Esel; Text: F. Vahle, Musik: F. Vahle.